Hope this book
brings you much
happiness
your daughter

Francine
xxxx

Christmas 1986

Pierre Dufresne

LES ÉDITIONS DE L'ÉPOQUE
Une filiale de Québecmag (1984) inc.
3510, boul. St-Laurent, suite 400
Montréal, QC, H2X 2V2
Tél.: (514) 286-1333

Directeur:
Pierre Nadeau

Photos couverture: Daniel Auclair
Photos intérieures: collection personnelle de Yvan Dufresne

Distribution:
Agence de Distribution Populaire inc. (ADP)
Tél.: (514) 523-1182

Dépôts légaux, premier trimestre 1985:
Bibliothèque nationale du Québec et
Bibliothèque nationale du Canada.

ISBN 2-89301-007-5

Yvan Dufresne

Pierre Dufresne

*mon ami,
mon frère*

Les Éditions
de l'Époque

Collection
célébrités

Je voudrais d'une façon toute particulière, re-mercier Serge Badeaux pour l'étroite collabora-tion qu'il m'a apporté à la rédaction de ce livre.

À ma sœur Louise

INTRODUCTION

Lorsque Pierre est décédé le 31 octobre 1984, le ciel du Québec s'est couvert d'un voile de tristesse. Dans tous les coins de la province, la consternation se lisait sur les visages de tous ceux qui l'avaient aimé ou qui avaient adoré le personnage de Joseph-Arthur qu'il incarnait à l'écran de Radio-Canada dans le désormais très célèbre téléroman *Le Temps d'une Paix*. Aucune personne vivant dans son entourage immédiat, aucun camarade de travail qui le côtoyait quotidiennement n'avait pu deviner que le Destin le frapperait si rapidement, sans lui offrir une autre chance de remonter sur les planches ou de paraître à la télévision.

Pierre se croyait en santé. Tout le monde présumait qu'il était fort et invincible tant il mettait d'énergie dans tout ce qu'il entreprenait. Il voulait toujours aller plus loin; il cherchait toujours à monter plus haut, sans jamais s'arrêter, sans prendre le temps de permettre à son corps de récupérer. Et malgré tout son bon vouloir, toute l'énergie qu'il sentait encore en lui, son coeur n'a pas pu tenir le coup.

En écrivant ce livre, je n'ai pas l'intention d'écrire la biographie de mon frère. J'ai plutôt voulu tracer un certain profil de sa personnalité. J'ai cherché à le faire connaître davantage, une dernière fois, à tous ceux qui ne le connaissaient que par le théâtre ou par le petit et le grand écran.

— 1 —

L'ENFANCE

Voilà des heures que je suis assis devant mon magnéto. Je ne sais trop par où commencer. Je cherche les mots qu'il faudrait dire pour raconter un peu de la vie de Pierre, pour esquisser le portrait, même sommaire, de l'homme qui se cachait derrière le comédien, derrière le regard "ratoureux" de Joseph-Arthur ou dans le cœur de Fardoche.

Je regarde sa photo, la dernière qu'on a prise de lui, sur la page couverture du magazine *La Semaine*, et mon cœur se remplit de nostalgie. Malgré son sourire et ses yeux bleus qui semblaient parfois vous fouiller jusqu'au plus profond de vous-même, je réalise qu'il a l'air fatigué et que, à ce moment, il revenait de loin, qu'il venait de frapper à la porte de la mort.

Mais Pierre, sur son lit d'hôpital, ne partageait pas cette opinion. À peine commençait-il à se remettre de son infarctus, doublé d'un arrêt cardiaque, qu'il exprimait le désir de reprendre le collier et de se remettre au travail pour rattraper le temps qu'il croyait avoir perdu. Il refusait d'admettre que son cœur ne pouvait plus supporter le poids de toute son énergie. Il n'acceptait que difficilement d'être un homme comme les autres hommes. L'action, la vie d'homme de théâtre et d'homme d'affaires lui manquait. Il anticipait de reprendre le rôle de Joseph-Arthur à la mi-janvier. Il était incapable d'imaginer dans quel état se trouvait son cœur fatigué et usé par de trop longues heures de travail.

Les souvenirs remontent à mon esprit en vagues déferlantes et je ne sais pas les retenir. Les images viennent et vont; elles se bousculent dans ma tête. Que dire d'un homme que tout le monde aimait, d'un homme secret et réservé?

Pierre est né le 7 avril 1927, rue Joyce, à Outremont. Je n'étais pas encore né alors, et notre sœur Louise avait deux ans. Pour des raisons que j'ignore, papa et maman décidèrent d'aller s'installer à Saint-François-du-Lac. C'est là que je vis le jour. À cette époque, papa chantait à l'opéra de Chicago ou il partait souvent en tournée. Maman restait seule à la maison à s'occuper de ses trois jeunes enfants. La vie n'était pas facile et il fut décidé que s'ils revenaient vivre à Montréal, maman aurait moins de difficulté à élever ses enfants. Déjà, Pierre était doté d'une forte constitution. Il était aussi très beau. Il s'amusait souvent à déplacer une lourde brouette, comme s'il se préparait déjà à surmonter les défis de la vie.

Lorsque Pierre eut l'âge de commencer l'école, maman l'inscrivit au Jardin de l'Enfance, chez les Sœurs de la Providence, rue de Lorimier. Nous demeurions alors rue Fullum.

Je me souviens qu'un jour, en revenant de l'école, Pierre qui avait alors à peine six ans avait lâché un "tabarnak". Dans sa tête d'enfant, il ne réalisait pas toute l'incongruité de ce mot mais il comprit sûrement qu'il venait de dire quelque chose qui n'était pas coutumier pas dans notre famille quand il fut vertement réprimandé. En se rendant en classe, Pierre tenait toujours la main de notre sœur Louise en la serrant très fort. Les jeunes garçons du quartier nous faisaient la vie difficile. Chaque quartier avait sa bande de jeunes loups. Et comme notre éducation familiale différait de la leur, Louise et Pierre étaient plus souvent qu'à leur tour l'objet de railleries. Maman était attentive à ce que nous soyons de bons enfants et elle voyait d'un mauvais œil que nous nous mêlions à des jeunes qui n'étaient pas de son rang. Elle voulait que nous soyons bien entourés et c'est sans doute pour cette raison que nous avons vécu sur la rue Fullum six mois seulement.

Pierre a toujours aimé les animaux. Je me rappelle qu'un jour, quelque temps avant que nous déménagions, il s'était rendu tout seul jusqu'aux abattoirs. Peut-être avait-il entendu parler que c'est là qu'on y tuait les animaux qui se retrouvaient ensuite en morceaux de viande chez l'épicier du coin. Rendu sur place, il avait été approché par un homme qui avait osé lui faire quelques avances. Pierre avait eu si peur qu'il avait couru sans arrêt jusqu'à la maison. Il était blanc comme un drap et il n'arrivait pas à dire ce qui s'était passé. Maman était inquiète. Elle lui demandait ce qui était arrivé. Pas un son ne sortait de sa bouche. La peur le rendait muet. Ce n'est qu'après s'être calmé et avoir repris son souffle qu'il réussit à raconter son expérience.

C'en fut assez pour maman qui décida que nous devions déménager. Nous nous sommes retrouvés rue Marcil près de Monkland, dans le quartier Notre-Dame-de-Grâce, plus précisément au 4225.

Nous allions à l'école Notre-Dame-de-Grâce et, à cette époque, les deux premières années accueillaient les filles et les garçons. La maîtresse de Pierre s'appelait Claire Prieur, si ma mémoire est fidèle. Je dois dire qu'il lui en faisait voir de toutes les couleurs. Ce n'est pas qu'il était un mauvais garnement en classe, mais peut-être s'ennuyait-il d'apprendre des choses qu'il savait déjà. Et s'il avait peu à apprendre en première année, cela tient surtout au fait que tante Ellen — Ellie pour les membres de la famille — passait près de six mois par année à la maison et qu'elle prenait plaisir à nous enseigner l'alphabet et toutes ces choses que l'on commence à découvrir lorsqu'on fait ses premiers pas à l'école. Lorsque Pierre devenait espiègle, Claire Prieur allait le reconduire dans la classe de Louise où il s'assoyait à côté d'elle, sage comme une image. Mais toutes ces situations qui sortaient de l'ordinaire gênaient beaucoup notre sœur qui ne manifestait pas la même exubérance en classe ou à la maison.

Lorsque le soir tombait et qu'arrivait le moment de se coucher, tante Ellie nous racontait souvent une histoire. Nous attendions cet instant avec beaucoup d'impatience. Elle nous racontait le film *Gone with the wind* qu'elle nous offrait en tranches d'une demi-heure et cela devenait une sorte de roman-savon qui se poursuivait de soir en soir. Il faut dire que tante Ellie possédait l'art de raconter une histoire, mimant les situations les plus diverses.

Tante Ellie avait un faible très marqué pour Pierre et, dans notre sensibilité enfantine, nous nous en rendions compte. Elle trouvait Pierre beau, fin, intelligent. Et cela enrageait notre sœur qui, elle, avait une préférence pour moi. J'étais le plus jeune, le petit, celui qu'il fallait protéger. Il est vrai que Pierre et elle étaient toujours ensemble pour se rendre à l'école et elle en avait peut-être assez de toujours l'avoir sur les talons, surtout quand son professeur venait le reconduire dans sa classe.

Moi, j'étais le préféré de papa. Je me rappelle une anecdote qui se passa quelques années plus tard. En revenant de l'école, papa glissait une pièce de monnaie dans sa main et la refermait. Le jeu consistait à ouvrir les doigts de papa pour saisir la pièce de monnaie. Naturellement, Pierre était beaucoup plus fort que moi. Il était plus âgé de trois ans. Mais c'est toujours moi qui gagnais. Il est évident que papa me laissait gagner, et il prenait un malin plaisir à nous jouer des tours semblables!

Pierre trouvait quand même le moyen de se reprendre ou de se défouler. Il allait retrouver Louise qui s'amusait à découper et à coller des poupées en carton. Elle les plaçait devant elle avec méthode.

— Que c'est beau! disait Pierre en venant la retrouver.

Puis, ne pouvant résister à la tentation, il défaisait tout le travail de Louise qui ne trouvait pas la situation très drôle. C'était là un de ses côtés espiègles.

Louise n'était pas la seule à subir les taquineries de Pierre. J'avais aussi droit à ma part. Nous demeurions à cette époque sur la rue Northcliffe. Pierre devait avoir environ une douzaine d'années et, naturellement, c'est moi le plus jeune de la famille qui faisait les frais de ses tours pendables. Il y avait une épicerie au coin des rues Descarie et Brodeur et Pierre m'y envoyait pour acheter peut-être des croustilles ou des cigarettes, bien que je ne sois pas certain s'il avait déjà commencé à fumer à ce moment-là. Je devais faire le trajet aller-retour en une minute. Ce qui était mathématiquement impossible. Je courais comme un fou vers l'épicerie située à une bonne distance, j'achetais ce qu'il fallait et je revenais près de lui à pleine vitesse, le souffle court et la langue pendue.

— Tu l'as pas eu, disait-il. Ça t'a pris une minute et cinq secondes.

En réalité, il n'avait nullement calculé le temps qu'il me fallait pour faire l'aller-retour. J'en avais peut-être pris trois ou quatre, même davantage. Mais cela l'amusait de me taquiner de la sorte. Une autre fois, il m'avait fait courir un peu partout en quête d'un fil à couper le vent! Maman, qui voyait toujours tout ce qui se passait, réprimandait Pierre. J'étais jeune, naïf et on pouvait abuser de moi facilement.

Pierre ne faisait pas que me taquiner. Il me protégeait aussi. Après la classe, une bande de jeunes Anglais nous attendaient souvent pour nous faire un mauvais parti ou nous insulter. Il y avait un terrain vacant au coin des rues Décarie et Notre-Dame-de-Grâce. Les Anglais se cachaient au bord de la ruelle et lorsque nous arrivions sur les lieux, ils nous traitaient de "french pea soup". Pierre se fâchait et la bataille commençait. La plupart du temps, nous étions obligés de nous défendre à deux contre six. Pierre n'avait plus peur. L'époque où il serrait la main de Louise pour trouver protection était révolue. Il fonçait dans le tas tête baissée et les coups pleuvaient. Quand nous arrivions à la maison, le corps meurtri et le visage marqué de bleus, maman qui était irlandaise passait à l'attaque, elle aussi. Pierre disait qu'il avait voulu me défendre et me protéger. Il était très fort, très courageux moralement et physiquement. Il l'a toujours été. Ce fut là un des grands traits de son caractère.

Une autre fois, nous nous préparions à souper lorsque Pierre arriva en retard.

— Tu es encore en retard, dit maman.

— C'est parce que je viens d'arrêter un cheval qui avait le mors aux dents, répondit-il.

C'était le temps où les laitiers faisaient leurs tournées avec une voiture et un cheval. Il s'était jeté au cou du cheval et s'était laissé traîner sur une assez longue distance. À force d'écouter ses explications, maman commençait à le croire. Plus tard, cette aventure l'énerva un peu, lorsque les voisines vinrent la féliciter pour la bravoure de son fils. C'était dans l'esprit de Pierre de faire des trucs de ce genre...

C'était une époque heureuse. Une époque que nous ne retrouverons plus jamais.

Je ne sais trop à quel moment le goût du théâtre prit naissance chez lui. C'est peut-être chez l'oncle Edmond, une veille de Noël, alors que tout le monde chantait en chœur. Pierre aussi chantait. Il refusait toujours de chanter seul. Ce soir-là Pierre avait dit:

— Je ne veux pas chanter seul mais je peux vous réciter quelque chose.

Sûr de lui, il s'était levé et, debout devant le piano à queue, il avait récité *La diligence*, un truc que nous apprenions à l'école dans le genre de:

Clic clac oh là gare
la foule se rangeait
et chacun s'écriait
ce doit être un grand Seigneur . . .

Je ne suis pas certain des paroles, mais ça ressemblait à ça. Pierre mettait beaucoup d'émotion dans sa récitation. Il avait le geste théâtral et le ton convaincant. C'était à l'âge où nous jouiions aux Indiens dans la maison. Nous nous mettions tout nus et nous courrions d'une pièce à l'autre en criant "géronimo!". Madame Forest, une dame gentille qui venait faire le ménage à la maison, n'appréciait pas spécialement notre jeu. Dans son cœur nous ne prenions pas une très grande place, par rapport à Louise, qui elle, recevait ses faveurs.

Dans ces moments-là, madame Forest criait:

— C'est-y possible de faire des affaires de même!

Elle se mettait à nous courir après. Nous nous cachions partout où nous pouvions, dans chaque recoin. Notre jeu d'Indiens prenait un sens. Nous avions un ennemi à déjouer. C'est surtout Pierre qui provoquait la bonne dame. C'était le grand chef aîné. Moi, son frère de sang, je suivais.

En désespoir de cause, elle appelait Louise à son secours. Elle se cachait dans l'embrasure d'une porte. Lorsque nous sortions de notre cachette pour essayer d'en trouver une autre plus adéquate, elle nous attrapait et nous recevions une tape sur les fesses. Il suffisait d'en attraper un pour que le jeu se termine par les honneurs de la guerre. Naturellement, elle racontait tout à maman qui nous disputait un peu. Dans le fond, je crois qu'elle trouvait cela drôle. C'était un jeu tellement naïf qu'il n'y avait pas lieu d'en faire toute une histoire. Mais madame Forest se sentait choquée de nous voir ainsi courir tout nus dans la maison. Il y avait comme une sorte d'atteinte à sa pudeur.

J'ai lu dans un article de portée scientifique, et quelqu'un me corrigera sûrement si je me trompe, que les notes aiguës des ténors vibraient de telle façon que, à la longue, elles pouvaient affecter le cerveau. Pas à les rendre fous, mais de manière à les rendre ultra-sensibles.

Papa était ténor. Il chantait merveilleusement bien. Il possédait une voix à la Pavoretti. Avec beaucoup de chaleur et de sentiment. Il chantait à la messe le dimanche et sa voix faisait vibrer les lustres.

Parfois il avait des crises de religion ou de foi. Il décidait de dire la prière et il nous chicanait pour que nous y mettions du sérieux et du respect. Pierre s'agenouillait entre Louise et moi. Il répondait du bout des lèvres. Dans de telles circonstances, nous ne pouvions faire autrement que pouffer de rire. Papa enrageait et la prière se terminait quasiment avec des blasphèmes.

Papa avait aussi une autre manie. Vers l'âge de 17 ans, Pierre sortait avec les filles. Il avait beaucoup de succès et rentrait parfois assez tard à la maison. Mais papa avait décidé qu'il fallait être à la maison dès neuf heures. Alors Pierre se frappait le nez contre la porte. Comme nous habitions dans un deuxième étage, il grimpait le long des poteaux de la galerie jusqu'au balcon, et, sur la pointe des pieds, il entrait. Même si Pierre était grand et fort, tout cela rendait maman folle d'inquiétude.

L'ADOLESCENCE

Je réalise que je vous raconte ces souvenirs comme ils me viennent à l'esprit.

Lorsque Pierre fut à l'âge d'entreprendre des études classiques, il aspirait à devenir médecin. Malheureusement, c'était une époque difficile et papa recevait peu d'offres pour chanter ou partir en tournée. L'argent manquait et nos parents ne pouvaient se permettre d'envoyer Pierre au collège. Ils demandèrent de l'aide auprès des membres du clergé. La réponse fut négative. Probablement que s'il avait exprimé le désir de devenir prêtre, on lui aurait trouvé une place dans un collège classique. Combien de personnes aujourd'hui peuvent se vanter d'avoir feint de vouloir devenir prêtres pour avoir droit à des études payées et qui, leur cours classique terminé, ont tiré leur révérence pour s'orienter vers une autre profession? Il y en a sûrement quelques centaines.

Ne pouvant devenir médecin, Pierre décida de s'orienter vers l'agronomie. Il alla passer quelque temps chez les moines à Oka. Il y avait une règle à suivre: garder le silence. Pierre possédait un caractère trop indépendant pour se plier à une discipline aussi sévère. Il resta peu de temps à Oka.

À l'été, Pierre se rendit chez notre cousin Guy Dufresne, auteur de *Cap aux Sorciers*, à Frelishburg. Il y passait son temps à cueillir des pommes et à courir les filles. Ou plutôt, ce sont les filles qui lui couraient après. Naturellement, lorsque maman lui téléphonait pour lui demander de revenir à la maison pour la rentrée des classes, il essayait toujours de trouver un prétexte quelconque. Il y avait encore des pommes à ramasser, les classes ne commençaient pas tout de suite . . . Il essayait de gagner du temps. Il se sentait bien chez Guy, à la campagne. Il y était heureux.

Quelque temps après son séjour à Oka, papa trouva un emploi à Pierre à Radio-Canada, comme messager au Service international, angle Crescent et Sainte-Catherine. De nouveaux horizons se dessinèrent alors pour lui. Parmi mille et une possibilités, il choisit de devenir annonceur.

Roger Baulu, que l'on surnommait à l'époque le Prince des annonceurs, accepta de lui enseigner les règles du métier. Pouvait-il trouver meilleur professeur?...

Tout en suivant ses cours, Pierre continuait son travail de messager.

Un jour Wilfrid Mondou, un ami de la famille, téléphona à Pierre pour l'inviter à travailler à Sorel, à la station CJSO. Il y avait un poste vacant et Pierre pouvait le combler. Ce qu'il fit.

La vie était belle. Il sortait avec une des filles de la famille Simard et une de leur cousine aussi, si j'en crois ma mémoire. Pas en même temps, mais durant la même période. Il faut dire que Pierre a toujours eu un penchant très marqué pour les jolies filles. Surtout si elles étaient issues d'une famille riche. Ce n'est pas parce qu'il aimait l'argent qu'il les fréquentait, mais, je crois qu'il y trouvait une certaine fierté.

Il resta un an comme annonceur à Sorel puis il postula pour un poste vacant à New-Carlisle, dans la région gaspésienne. Il avait environ 19 ans. Il était jeune, beau et le monde lui appartenait.

C'est là qu'il commença à fréquenter la fille du docteur Houde. Elle s'appelait Hélène et elle était belle à faire damner tous les saints du ciel! Je crois que je n'ai jamais rencontré une aussi belle femme de toute ma vie. Elle possédait un corps de déesse.

Ce fut un mariage fastueux. Pierre était maintenant âgé de 21 ans et Hélène en avait 19.

Maman ne voulait pas que Pierre se marie. Elle le trouvait trop jeune. Le fait qu'il épouse la fille du millionnaire du coin ne pesait pas dans la balance. Elle souhaitait avant tout le bonheur de son fils.

J'ai chanté avec Louise à son mariage. Bona Arsenault y était présent. Pierre travaillait beaucoup pour lui en période d'élection et une amitié était née. Ils jouaient au tennis ensemble.

Pierre a toujours été très sportif. Un hiver, il s'était cassé une jambe, probablement en essayant de faire un truc casse-cou. Ça me rappelle que, étant jeune, Louise avait exprimé le désir d'avoir une bicyclette. Nous n'étions pas riches. Maman lui avait répondu:

— Nous avons de l'argent pour seulement une bicyclette. Pierre est grand. Il a besoin d'exercice.

C'est lui qui avait la bicyclette. Et il en fut de même pour les patins ou les skis. Pierre avait toujours besoin d'exercice.

Pierre vécu environ deux ans à New-Carlisle avant de déménager ses pénates à Hull pour y travailler comme annonceur. Il avait épousé Hélène Houde en 1949 et quatre ans plus tard, en 1953, il divorçait. Il obtint son divorce aux États-Unis. Aucun enfant ne naquit de cette union.

— 3 —

SES DÉBUTS

À la station de radio de Hull, Pierre fit la connaissance de la regrettée Colette Devlyn et de Yvon Dufour qui devait rester un ami très proche et fidèle jusqu'à la fin de ses jours. Pierre chantait dans un chœur en compagnie de Colette en plus d'être annonceur. De son côté, Yvon Dufour avait fondé une troupe de théâtre, la troupe du "Pont-Neuf".

À ce moment-là, Pierre ne pensait pas encore au métier de comédien. Puis, un jour, l'occasion se présenta. Yvon montait une pièce de théâtre qui avait pour titre *L'imbécile* dont l'auteur était Lomer Gouin. Un rôle était disponible, le rôle-titre, celui de l'imbécile, et les membres de la troupe cherchaient dans leur entourage qui pouvait le tenir. C'est alors qu'Yvon eut l'idée de le proposer à Pierre. Mon frère refusa d'abord. Mais Yvon ne se tint pas pour battu et fit si bien que, finalement, Pierre accepta. Cette décision allait changer le cours de sa vie.

Commencèrent alors des journées de travail où chaque heure était bien remplie. En plus d'être annonceur, Pierre vendait aussi de la réclame publicitaire pour CKCH. Ce n'est donc pas d'hier qu'il a commencé à travailler en y mettant les bouchées doubles.

Yvon Dufour enseignait le théâtre à Pierre, réplique par réplique. Il n'y avait pas de cours d'art dramatique dans la région et ceux qui aspiraient à devenir comédiens devaient étudier par eux-mêmes et travailler avec acharnement et persévérance.

Pierre était un bon élève. Il apprenait vite. Dès ses débuts sur les planches, ses efforts portèrent fruit. Il a été magnifique si je me fie à ce que disent les gens qui ont assisté à la pièce.

La troupe alla jouer au Festival d'art dramatique à Ottawa et tout marcha très bien. *L'imbécile* fut probablement la pièce déterminante dans son cas. Il n'était pas gêné, ni mal à l'aise du fait qu'il n'avait jamais pris de cours.

Yvon Dufour avait un feeling distinct du sien, une façon d'être complètement différente. Pierre lui a dit:

— Ouais . . . J'm'en vas complètement là-dedans.

Il y alla sans plus jamais s'arrêter. C'était un métier difficile où il fallait surmonter toutes sortes de difficultés. Hull était un grand village à l'époque. Les facilités n'étaient pas les mêmes qu'aujourd'hui.

Mais même sa décision prise, personne ne pouvait vraiment dire que Pierre s'orientait vers une carrière d'acteur. On ne parlait pas de ce genre de chose.

Bien sûr, il possédait quelques atouts en main, Nous avons été élevés dans une famille où la notion de l'art n'avait jamais passé inaperçue. Malgré quelques périodes difficiles, papa a fait une très belle carrière de chanteur.

Pierre aussi avait quelque peu lorgné vers la carrière de chanteur car il jouissait d'une très belle voix. Mais le théâtre eut gain de cause.

Pierre était très fier, mais il ne vivait pas comme un acteur. Il semblait vivre gentiment avec sa femme Hélène — il n'était pas encore divorcé — et il s'occupait de ses affaires. Il se débrouillait toujours pour tout arranger au mieux. Il avait de la méthode, une façon très personnelle de faire les choses. Il recevait un salaire comme annonceur et comme vendeur. Sans être riche, il vivait à l'aise.

Yvon était rapidement devenu un ami. Ils étaient très liés. Et cette longue amitié a connu des périodes où ils furent plus près l'un de l'autre qu'en d'autres circonstances. Ce n'est pas qu'ils étaient parfois en désaccord. Ils se voyaient moins souvent, c'est tout. Chacun ayant à travailler de son côté, dans des émissions ou des projets différents.

Après son divorce d'avec Hélène Houde, Pierre continua à vivre à Hull pour quelques mois. C'est tout de suite après la mort de maman qu'il partit pour Montréal.

Il rencontra par hasard Paul Langlais. Ce dernier lui conseilla de rencontrer le réalisateur Maurice Leroux qui travaillait alors sur une nouvelle émission qui devait s'appeler *Cap aux Sorciers*. C'est Guy Dufresne, notre cousin, qui écrivait les textes. Mais Guy ne savait vraiment pas que le rôle de Marin avait été donné à Pierre à la suite d'une audition.

Ce fut pour lui le début d'une brillante carrière. On l'avait engagé non pas parce qu'il était le cousin de l'auteur, mais bien parce qu'il avait le physique de l'emploi et qu'il chantait. Il se débrouillait très bien. Personnellement, je ne trouvais pas que Pierre était bon comédien jusqu'à ce que je le voie jouer dans une pièce de Michel Tremblay *Sainte Carmen de la Main*, au théâtre du Nouveau Monde. Je l'ai trouvé génial. Pierre n'avait pour toute expérience que celle qu'il avait acquise au fil des années. Il n'avait pas eu besoin de prendre de cours de théâtre. Ce talent se trouvait à l'état naturel chez lui.

Le rôle dans *Cap aux Sorciers*, c'était le grand truc pour Pierre. C'était la continuité. Ça se passait en direct. Si l'un des comédiens commettait une erreur ou oubliait une réplique, il n'y avait pas moyen de reprendre la scène comme cela se fait aujourd'hui. Le spectacle devait s'enchaîner et les comédiens se devaient de retomber dans le vif du sujet pour ne rien faire perdre du rythme de l'émission.

À cette époque, Pierre ainsi que tous les autres comédiens travaillaient le Jour de Noël, le Jour de Pâques, le samedi et le dimanche. Il n'y avait pas de congé. Il fallait toujours se tenir prêt. Ce n'était pas un travail de fonctionnaire comme aujourd'hui.

L'"Union des artistes" existait à cette époque. Elle représentait quelques centaines de comédiens. Ces derniers travaillaient beaucoup. Le petit écran n'était pas encore envahi par toutes les séries américaines. On pouvait compter sur un contenu canadien. Il y avait les téléthéâtres, les concerts. C'était l'époque du Music-Hall avec Michèle Tisseyre.

Les comédiens travaillaient à gauche et à droite pour se faire connaître le plus possible du public. Aujourd'hui, ce doit être la même chose pour les jeunes comédiens.

Qui ne se souvient de *La boîte à surprise* animée par Pierre Thériault qui passait tous les jours de la semaine, du lundi au vendredi? Chaque émission présentait un thème nouveau. Pour être capable de suivre le rythme et la demande, il fallait tout faire et travailler dix-huit heures par jour, le matin, l'après-midi et le soir. Il n'y avait pas d'autre choix possible. Pour réussir, le comédien devait coller à son travail comme une main à un gant. Chacun faisait son métier du mieux qu'il le pouvait et il n'était pas rare qu'il arrive à l'un d'entre eux de faire cinq émissions différentes dans la même semaine. C'était énorme. Il n'y avait pas moyen de penser à autre chose. Le temps se passait entre la difficulté d'apprendre un texte et de le livrer. Tout cela exigeait une excellente mémoire et une facilité d'adaptation.

En dernier, Pierre mémorisait ses textes en conduisant sa voiture. Il les enregistrait sur cassettes et les faisait jouer en conduisant. C'était sa façon à lui de les mémoriser.

— 4 —

UN DEUXIÈME MARIAGE

Plusieurs mois après son divorce Pierre rencontra Suzanne Laberge, la fréquenta et l'épousa. Suzanne était une fort jolie femme. Elle a été élue en 1957 Miss Élégance et elle travaillait comme mannequin-vedette pour "Les Créations Pierre". Je me rappelle le jour de leur mariage. J'étais le témoin de Pierre. C'était le 5 novembre 1958, si ma mémoire est fidèle. Nous étions descendus à Plattsburg, ou dans la région, chez un juge de paix. Ce fut un voyage pas mal extraordinaire. Nous étions quatre: Pierre, Suzanne, Mario Dinardo, le couturier de Suzanne et moi. Nous avions acheté une bonne bouteille de scotch et nous nous calions quelques bonnes gorgées à même la bouteille. Pierre et moi nous avions un plaisir fou. Suzanne était plus réservée. Elle nous disait que ce n'était pas le temps de boire avant le mariage. Qu'il fallait y mettre du sérieux.

Nous arrivons chez le juge de paix qui travaille dans son jardin et nous reçoit en salopette. Il n'habitait pas à la ville mais dans un coin de campagne.

— *Hello! Come on in,* nous dit-il. *Go into the dining room.*

Tandis que nous attendions patiemment son retour, il en profita pour faire un brin de toilette. Lorsqu'il revint, il avait revêtu son habit des grandes circonstances: complet, chemise blanche et cravate noire. Tout le tra-la-la, quoi! Pierre et moi nous trouvions cela très drôle. Suzanne, elle, prenait la chose très au sérieux. Ce qui, à mon avis, est tout à fait compréhensible. La cérémonie fut de courte durée. Le temps de dire oui et d'échanger les alliances. Immédiatement après nous sommes revenus vers Montréal où nous attendait une réception intime qui réunissait des membres des deux familles, dans un restaurant chic.

Suzanne et Pierre vécurent ensemble durant dix-sept ans. Elle lui donna trois enfants: Stéphane âgé de 23 ans, Isabelle âgée de vingt et un ans et Nicolas qui en a dix-neuf. Je passe sur cette période de leur vie commune. Peu après leur mariage, pour mille et une raisons, je fréquentai Pierre moins souvent. Mon travail m'accaparait et les circonstances ne se prêtaient guère aux rencontres. Je savais qu'il y avait parfois des différends entre eux (quel couple n'en a pas?), mais j'étais peu au courant. Pierre a toujours été très secret et très réservé en ce qui concerne sa vie personnelle. Je veux en faire autant.

Je me rappelle une anecdote. Je ne me souviens plus en quelle année mais je sais que c'était la veille de Noël. Pierre avait frappé à ma porte et lorsque j'avais ouvert, j'étais en présence d'un frère complètement ivre. J'avais dû le guider jusqu'à une chambre et l'allonger sur le lit. Il avait trop bu. Il avait dépassé la mesure. Il s'était disputé avec Suzanne et voulant noyer son chagrin dans l'alcool, il s'était enivré. Pourtant, il n'avait pas l'habitude de boire, sinon, en de rares occasions. La chose était tellement surprenante de sa part que Louise et moi nous avions du mal à le croire. Il fallait le voir allongé sur le lit, complètement assommé, pour se rendre à l'évidence.

En vieillissant il n'avait pas changé. Même si nous nous fréquentions moins depuis quelques années, depuis deux ans, nous pouvions nous voir plus fréquemment. Nous allions souvent luncher ensemble. Pierre prenait une bière ou un apéro. Nous partagions un demi-litre de vin tout en parlant de chose et d'autre. Quand il avait un peu de temps libre, certains après-midi, il en profitait pour frapper quelques balles au tennis avec Georges Patriche. C'est ce dernier qui fut le lien entre lui et Jeanne, sa quatrième femme, sa quatrième compagne et sa dernière. Mais j'y reviendrai plus loin.

Puis, après dix-sept années de vie commune avec Suzanne, ce fut la séparation. Et il vivait seul lorsqu'il rencontra Marthe, sa troisième compagne. Et là encore, je ne peux pas en parler. C'est un morceau de vie qui leur appartient. Je m'en voudrais de trahir leur intimité. Ce fut une liaison qui dura huit ans.

Voilà en résumé quelques éléments marquant de sa vie. Ce fut une période riche et créative pour lui, une période durant laquelle il ne s'ouvrit jamais sur ses problèmes personnels. On a toujours su de lui ce qu'il voulait bien nous faire connaître. Une chose cependant est indéniable. Ceux qui l'ont connu l'ont aimé et lui aussi les a beaucoup aimés...

5

UN HOMME ATTACHANT

Ceux qui ont eu l'occasion de jouer avec Pierre, selon les témoignages que j'ai reçus, appréciaient beaucoup sa simplicité au travail. Pourtant, il ne donnait pas l'image d'un homme simple. C'était plutôt un coq fier, un homme orgueilleux de l'image qu'il projetait. Je crois qu'il était très ouvert envers toutes choses. Il aimait beaucoup la nature. Il se sentait très près d'elle. Les paysages de Charlevoix l'impressionnaient beaucoup. Il aimait s'y retrouver dans l'atmosphère du travail.

C'était un homme attachant, mais qui pouvait parfois donner l'image d'un homme un peu vantard. C'était une sorte de jeu pour lui, une sorte de provocation inconsciente peut-être, et il s'amusait de la réaction des gens. Certaines personnes le percevaient un peu de cette façon. C'était un de ses côtés qui les faisaient sourire.

Pierre était un homme qui aimait l'argent. Il l'aimait, non pas pour l'entasser dans un coin. Il l'aimait pour ce qu'il pouvait offrir. Pour le plaisir que l'argent pouvait apporter. Pour le confort aussi. Il se sentait heureux lorsqu'il était entouré de belles choses.

Paradoxalement, il pouvait s'extasier devant une simple petite roche, le vol d'un oiseau ou le travail d'une fourmi.

Il se tenait debout. Il avait de l'échine. Il ne pliait pas beaucoup mais, en même temps, on devinait chez lui beaucoup de souplesse.

Voici quelques propos que Nicole Leblanc tenait au sujet de Pierre quelques semaines après sa mort:

— Je l'ai connu surtout avec le *Temps d'une Paix*. Avant, je le connaissais comme ça, mais pas plus. Je n'avais jamais travaillé avec lui. Pas même dans une pièce de théâtre. Nous étions devenus tellement amis! Nous discutions beaucoup. Il me confiait beaucoup de choses qu'il avait en lui. C'était un homme ouvert. Avec moi. Avec les autres, je ne pourrais pas dire. J'avais mon franc-parler et il avait le sien. C'était un ami. Je ne me gênais pas du tout quand j'avais quelque chose à lui dire. J'y allais carrément. Il le prenait. Il l'acceptait. Parfois il essayait de se justifier. Je ne suis pas certaine qu'il suivait toujours les conseils qu'il recevait. Lorsqu'il a rencontré Jeanne, sa dernière

femme, il avait environ 55 ans. Il m'a dit un jour:
"C'est dur à mon âge de changer. Je sais que je
traîne de vieilles affaires, de vieilles habitudes. Il
faut que je change si je veux avancer..." Il
avait pris conscience qu'il y avait des choses
arrêtées en lui et que s'il voulait avoir une relation stable avec Jeanne, il fallait qu'il change.
C'est assez rare qu'un homme de cet âge accepte de s'ouvrir, de dire: oui, j'ai eu tort. C'est
très rare ça. C'était des gestes intimes de Pierre.
C'était des choses qu'il n'allait pas raconter sur
le perron de l'église, comme on dit. Par rapport
à Jeanne, il essayait de changer. C'était un
homme habitué à gouverner, à dire ça va passer
par-là, c'est ça qui va arriver, c'est ça qu'il faut
que tu fasses. Il s'est rendu compte qu'avec
Jeanne ce n'était pas nécessairement ça. Les
autres aussi avaient leurs opinions. Il devait en
tenir compte... Je ne sais pas si c'est Jeanne
qui l'a amené à changer un peu sa façon de
percevoir les choses. Peut-être. On pourrait sup-
poser qu'elle a eu un rôle à jouer. Ce fut un long
cheminement. Peut-être que les femmes qu'il a
eues dans sa vie l'ont peu à peu, tranquillement,
amené vers cette ouverture d'esprit. Pierre aimait être entouré de jolies femmes. Par contre,
j'ai remarqué qu'en groupe il se sentait parfois
mal à l'aise. Il m'a souvent dit que le fait d'être
ce qu'il était, c'est-à-dire beau et tout ça, faisait
qu'il se sentait inconfortable. Il entrait dans un

restaurant et souvent il en ressortait aussitôt. Je comprenais ce qu'il voulait dire. À un certain moment, tu deviens tellement envahi par les gens, ils t'en demandent tellement que tu veux te sauver. Même si tu ne le fais pas toujours. Il acceptait d'être vulnérable. C'est pourquoi il était aussi bon comédien. L'état de non-domination qu'on rencontre parfois face à certaines situations, il l'acceptait. Alors, il se retirait. Il acceptait d'être un homme, finalement, un être humain. Quand je regarde les femmes qu'il a aimées, il y avait peut-être des points communs entre elles. Je ne les ai pas connues beaucoup . . . Pierre, je pense que ça a été un de mes plus grands chums. Nous avons vécu ensemble une amitié qui s'est créée jour après jour, au fur et à mesure. Il me disait, et je pense qu'il le faisait avec tout ceux qu'il a connus de près: "Si jamais il y a quelque chose, Nicole, appelle-moi!" Je pense que c'était un homme qui pouvait se lever à trois heures du matin, tout laisser là et venir nous aider si nous étions en peine. C'était la générosité de Pierre. Nous étions très complices. Il avait des gestes de grande générosité qu'il ne posait pas avec certaines personnes. Il avait aussi, sans doute, horreur des profiteurs. Mais lorsqu'il aimait quelqu'un, il l'aimait vraiment sans condition . . ."

6

YVON TRUDEL, RÉALISATEUR DU "TEMPS D'UNE PAIX"

Même si Pierre sortait parfois d'un restaurant à la sauvette, il ne détestait pas lorsqu'il y avait beaucoup de monde, lors des enregistrements, à Charlevoix, se laisser photographier avec madame Une Telle et ses enfants. C'était un gars fait pour le public. Il aimait son public. Il sentait que, pour un comédien, le public c'est très important. Le public, c'était sa vie.

Il était fier et orgueilleux mais il n'était pas frais. Lorsqu'il a fait son infarctus, son orgueil en a pris un coup. Il a réalisé qu'il était un être humain comme tous les autres. Il a réalisé que, rendu à 57 ans, il devait se modérer, y aller avec un peu plus de retenu.

Yvon Trudel, le réalisateur du *Temps d'une Paix*, disait de Pierre peu de temps après sa mort:

— Je travaillais avec Pierre depuis cinq ans. C'était le genre d'homme avec lequel j'aurais travaillé 52 semaines par année. Il était toujours de bonne humeur. Il était aussi très sérieux dans le métier. C'était le gars qui était toujours là et qui se donnait la peine d'apprendre ses textes. Le travail ne lui faisait pas peur. Et c'est cela qui l'a tué. C'était merveilleux de travailler avec lui. Depuis cinq ans, nous déjeunions ensemble presque tous les matins. Il possédait une grande qualité: la ponctualité. Il était aussi très charmeur. J'ai toujours dit que Pierre était mort en pleine forme. Il a eu sa crise cardiaque, son infarctus et une dizaine de jours plus tard, il mourait. Lorsqu'il a eu sa crise durant l'après-midi, il ne se doutait de rien. Le matin nous étions en répétition. Tout se déroulait très bien. Il paraissait en très grande forme lorsque nous nous sommes quittés vers onze heures trente. Quand je suis allé le voir à l'hôpital, je n'en revenais pas! Il revenait de loin et pourtant, le téléphone dans sa chambre ne dérougissait pas. Le stéréo jouait et je suis certain qu'il n'aurait pas accepté d'être convalescent. C'est un gars qui est mort en travaillant. Il ne s'en est pas rendu compte. Il me disait que le docteur lui avait affirmé que son cœur, que sa santé reviendrait dans une proportion de 85 p. cent. C'est certain qu'il nourrissait une certaine inquiétude, mais il n'avait pas l'intention de ralentir plus qu'il le fallait. D'ailleurs, je lui avais dit: "Tu ne vas pas à ton bureau, mais si tu es entouré de téléphone à la maison, il n'y a rien de changé..." Mais lui, le fait de ne pas être au bureau, ça lui donnait l'impression qu'il se reposait. Pierre était un homme assez réservé. Mais une fois qu'il était en confiance, il s'ouvrait davantage. Il n'était pas "placoteux". Il ne parlait pas de tout le monde à tort et à travers. Il aimait beaucoup rire. C'est incroyable tout ce que je pouvais lui dire avec l'équipe. Et tout le monde s'entendait bien avec lui. À l'occasion, peut-être, il pouvait aider un peu les autres ou les conseiller. Mais, c'était un gars qui savait qu'un réalisateur a un travail à faire. C'est sûr que, lorsqu'un nouveau comédien jouait avec lui, il se sentait en confiance... Pierre et Nicole n'avaient jamais joué ensemble. Mais comme il était très facile de jouer avec lui, il y a eu une complicité extraordinaire entre les deux. Moi, ça faisait un moment que je lui disais qu'il travaillait trop. Ça n'avait plus aucun sens. Il a dû le réaliser parce qu'il avait décidé de ne pas faire de théâtre à l'été 85. Il parlait d'aller en France pour un mois, avec sa femme. C'était décidé. Je crois qu'il avait réussi à se convaincre qu'il devait prendre des vacances, que ce n'était pas un luxe dans son cas. Au début, j'avais pensé à Monique Miller et à Jacques Godin pour tenir les rôles de Rose-Anna et de Joseph-Arthur. Ils avaient souvent joué ensemble. J'avais d'abord pensé à Nicole Leblanc pour tenir le rôle. Sauf qu'elle jouait déjà dans une autre série télévisée. Elle incarnait un personnage qui revenait une quinzaine de fois durant l'année. Avec tout ce que cela comporte de répétitions et d'enregistrements, je croyais ne pas pouvoir utiliser son talent de comédienne. D'autre part, Jacques Godin ne voulait pas pour des raisons qui lui sont personnelles. Peu de temps après, j'appris que Nicole pouvait s'arranger. Je lui ai dit: "J'ai le rôle de ta carrière. Lis les textes et tu décideras..." Puis, en me rendant au niveau "C" à Radio-Canada, je croise Pierre Dufresne. Je l'accroche et je lui dis: "Pierre, j'ai un maudit beau personnage pour toi!... Il est monté à mon bureau tout de suite. Je lui ai montré les textes et il m'a téléphoné une journée plus tard. C'était ça! Ça arrive souvent des situations semblables. Tu rencontres un gars et tu as soudainement le flash... Au début des enregistrements, nous avons commencé par les scènes extérieures. C'est sûr que Pierre a dû observer beaucoup les gens de Charlevoix pour s'aider à composer le personnage. Mais la description du personnage était tellement claire et les textes tellement bien écrits que son personnage se lisait bien. Pierre, c'était un gars du peuple, intellectuel et tout ça. Il était plus près des gens que beaucoup d'autres personnes. De tourner dans un beau paysage comme Charlevoix, ça le rendait un peu rêveur. Sans le connaître intimement, je sais que c'était un gars très sensible et rêveur. Mais dans le bon sens. Il était très fier de son personnage. Comme toute l'équipe d'ailleurs. Quand on faisait une scène avec le curé, Joseph-Arthur et Paul Hébert (Siméon Desrosiers), on aurait dit qu'ils avaient joué ensemble durant des années et des années. Ça cliquait tout de suite! . . . C'est possible que le personnage de Joseph-Arthur ait déteint sur Pierre. Parce qu'il en était bien imprégné . . . Joseph-Arthur, c'est un charmeur. Pierre l'était aussi. C'était vraiment un rôle fait sur mesure. On pourrait penser qu'il a été écrit pour lui. Pierre était tellement vrai et bon qu'en le rencontrant sur la rue, on pouvait penser: ''C'est bien lui. C'est Joseph-Arthur . . .'' En résumé, Pierre c'était un maudit bon gars! C'était un être humain. C'est ça, un être humain! Personne ne pouvait le haïr. Souvent, on était avec des cultivateurs. Pierre se mélangeait à eux et il passait très bien. On ne voyait pas la différence. Il a été respecté de tout le monde et tout le monde l'aimait . . .''

7

UN HOMME HEUREUX

Pierre possédait une force, un rayonnement, une puissance qui déteignaient souvent sur son entourage. Il avait toujours l'air heureux. C'était le genre d'homme sur lequel on pouvait compter. Il n'hésitait pas à dépanner ceux qui lui demandaient de l'aide. Il était aussi très généreux de son temps et de son énergie.

Pierre avait changé depuis deux ans. Il avait évolué dans sa façon de percevoir les choses. Il cherchait à se débarrasser de ses vieilles habitudes. Il disait:

— J'ai été fidèle, je me suis marié et j'ai eu des enfants. J'ai toujours vécu comme dans un grand livre où c'est écrit: "C'est ça que tu fais quand t'es un homme!" J'ai toujours fait ce qu'on m'a dit qu'il fallait que je fasse. Je me rends compte que c'est pas comme ça que ça marche dans la vie. J'ai vécu avec des femmes pendant des années et je pense que j'ai rien compris. J'ai rien compris de la relation homme-femme. Mais là, y a plus rien d'écrit dans mon grand livre. Je suis en train de le réécrire, au jour le jour. J'ai eu trois mariages qui sont tombés à l'eau. Aujourd'hui je me dis que ce n'est pas seulement elles qui avaient tous les torts..."

Pierre avait besoin de tendresse et de sécurité émotive. Il savait établir une complicité. Il devinait aussi beaucoup les choses.

À une certaine époque, ses théâtres d'été lui causèrent beaucoup de soucis. Cela contribua sans doute à accentuer sa fatigue et à diminuer sa résistance et son énergie. Il possédait le théâtre de Sainte-Adèle qui était, en fait, une location. Il avait aussi une autre location à Pointe-aux-Pics. Ils étaient trois associés: Yvon Dufour, Yvan Guérin et Pierre. Ils décidèrent d'acheter le théâtre Beaumont, à Saint-Michel de Bellechasse. Deux ou trois mois plus tard, le théâtre à Pointe-aux-Pics avait été vendu et la location ne tenait plus. Pierre et ses associés se retrouvaient avec sur les bras une pièce et des décors. Ils apprirent que le théâtre Molson était à vendre. Ils l'achetèrent environ deux mois avant le début de la saison. La situation était assez dramatique. Pierre jouait à Beaumont. Cette année-là, ce fut comme si les problèmes couraient après lui.

La pièce présentée à Sainte-Adèle et celle présentée au théâtre Molson ne donnèrent pas les résultats espérés. Ils n'avaient pas eu assez de temps vers la fin. Il y avait un travail énorme à faire et les moyens s'offraient souvent de façon artisanale par rapport à tout ce que cela représentait comme organisation. Quelque temps après, Yvon Dufour se retira de l'association et vendit ses parts à Pierre et à Yvan.

Pierre était un homme très méthodique. Il se sentait très malheureux dans le désordre. Il faisait beaucoup de choses et, pour ne rien oublier, il notait tout.

Après une mauvaise saison financière, il fallait préparer la saison à venir. Trouver du financement. Monter une pièce de théâtre coûte une fortune. Et lorsque l'argent commence à remplir la caisse, c'est qu'il y a eu auparavant beaucoup d'argent de dépensé, pour monter les décors, payer les comédiens, le metteur en scène et les techniciens. Ce fut la course au financement.

Pierre s'interrogeait toujours sur la possibilité de commencer la saison. Cela créait chez lui un stress réel. Il le dissimulait. Rien ne paraissait sur son visage et il continuait à offrir l'image d'un homme joyeux et sans problème. Finalement, une banque accepta de prêter l'argent. Si Pierre était encore de ce monde, il aurait vu l'année 85 d'une façon beaucoup plus sereine. Au moment de son décès, les trois quarts du travail étaient déjà faits.

8

L'ARRÊT CARDIAQUE

Pierre a bien vécu. Il a eu une vie heureuse. Il n'a jamais pris le temps de s'arrêter. Il n'a jamais ménagé ses efforts, même durant les derniers instants de sa vie, il échafaudait mille et un projets.

Lorsque Pierre fut conduit à l'hôpital, la première personne qui en fut informée, fut sa femme Jeanne Saint-Amour. Je fais référence à son témoignage pour relater certains faits.

— En arrivant à l'urgence, j'ai senti qu'il se passait quelque chose de grave. Pierre avait été placé dans un endroit à part et je voulais le voir. L'infirmière offrit quelques réticences. J'étais convaincue qu'il avait besoin de ma présence, de me sentir auprès de lui. En ouvrant la porte de sa chambre, je vois trois personnes autour de lui, dont le médecin. Juste à voir l'expression du médecin, j'étais certaine qu'il avait fait un arrêt cardiaque. Il respirait mal. On lui avait mis le masque à oxygène . . . Je connaissais trop l'expression du visage d'une personne qui a fait un arrêt cardiaque pour ne pas comprendre tout le sérieux de son état. Je m'approche de Pierre et il me prend par la main en disant: "Je m'excuse, mon bébé . . . Je m'excuse. Je t'aime . . . je t'aime! . . ." Il était confus mais il n'était pas incohérent. Il était mêlé. Il se sentait coupable d'avoir fait un infarctus. Il ajoutait: "Tiens-moi la main. Faut que tu restes là. Bouge pas. Va t'en pas . . ." Moi je lui disais de se calmer. Mais c'était très difficile . . . Je me retire avec le médecin pour en savoir davantage et il me confirme qu'il a fait un arrêt cardiaque. Je suis médecin. Ça ne servait à rien de me cacher des choses. Il me dit: "C'est une fébrilation, c'est arrivé ici, on l'a réanimé tout de suite. Il n'a pas de problème . . ." Je savais qu'il n'allait pas bien. Autour de moi, c'est comme si le monde s'était écroulé. Mais il était vivant! . . . Il avait une chambre aux soins intensifs et on part pour s'y rendre. Il y avait le médecin, deux infirmières et le défébrilateur sur le lit. C'étaient des moments très difficiles . . ."

Le lendemain, Pierre se sentait mieux. Pour lui, son infarctus et son arrêt cardiaque, il les reléguait au passé. Il disait même qu'il se sentait en pleine forme. Le téléphone dans sa chambre ne dérougissait pas. Il présumait encore de ses forces même s'il se disait prêt à faire attention, à écouter et à suivre les conseils de son médecin. J'étais venu lui montrer les affiches annonçant le nouveau microsillon et les cassettes des *Chansons du Temps d'une Paix*. Si je n'avais pas su ce qui lui était arrivé, j'aurais pu penser qu'il était en excellente forme physique. J'essayais de faire le maximum de choses afin qu'il n'ait pas à s'inquiéter. Et la sortie du disque l'aidait à conserver un excellent moral. C'était un vieux rêve qu'il caressait depuis longtemps.

Si Pierre est mort aujourd'hui, c'est peut-être parce qu'il n'a pas su se freiner. Il n'a pas suivi les conseils de son médecin. Il se disait en convalescence parce qu'il ne se levait pas à cinq heures comme chaque matin et qu'il se couchait souvent. Mais dans sa tête, il ne fut jamais en convalescence. Il n'a même jamais cru qu'il avait fait un infarctus. Tout de suite après avoir échappé à la mort, il se promenait dans sa chambre. Il ne réalisait pas ce qu'est une convalescence. La sienne, du moins. Pour lui, c'était comme s'il avait attrapé un mauvais rhume. Ce n'était pas plus important. Il ne réalisait pas qu'il avait une plaie vive au cœur. Il ne comprenait pas que la moindre surcharge, que la moindre fatigue pouvait lui être fatale. Il aurait fallu l'attacher pour le faire tenir à la même place, pour le garder couché dans son lit. Mais aussitôt qu'on lui tournait le dos, il repartait de plus belle.

Comme un enfant. Il n'avait pas le droit de descendre au sous-sol, de monter ou de descendre des marches. Mais à la moindre occasion, il réussissait à se faufiler. Il disait à Jeanne: "Tu m'as pas vu, hein!" Il avait son air ratoureux et charmeur. Il n'admettait pas la nécessité pour lui de ne rien faire d'autre que se reposer.

Un matin, quelques jours avant sa mort, il demanda à Jeanne:

— T'es sûre que le médecin ne peut pas se tromper. T'es bien sûre que j'ai fait un infarctus?

Ça n'arrivait pas à lui entrer dans la tête. "Je me sens tellement bien!" disait-il. Et il multipliait les entrevues, à la radio, à la télévision et dans les journaux, en promettant d'être sage et de se soumettre à toutes les recommandations qu'on lui faisait. À l'hôpital, il accordait des entrevues et ce fut de longues discussions avec son médecin. Pierre ne voulait rien savoir. Dans un sens, je le comprends. On ne place pas un gars comme Pierre dans un fauteuil roulant, à se tourner les doigts.

Le jour de son décès, Jeanne était allée dîner à la maison. Il avait beaucoup de difficulté à tenir en place. Il lui proposa, mine de rien, d'aller faire un p'tit tour à l'extérieur, de prendre une petite marche.

Jeanne lui avait répondu:

— Écoute-moi bien! Ça fait deux semaines que je joue à la mère avec toi. Je ne suis pas ta mère, je suis ta femme. Tu as une tête sur les épaules, tu es intelligent. Moi je ne peux pas tout faire. Être à la fois mère de famille, faire mon travail, m'occuper de ton travail et te surveiller comme si tu étais un bébé lala! Je ne t'en donne plus de conseils. Il y a assez de gens compétents qui t'ont dit quoi faire que, si tu veux aller faire un autre infarctus au coin de la rue, vas-y! Mais ne m'en rends pas responsable. Ce n'est pas moi qui suis responsable de toi, c'est toi seul qui es responsable de toi . . .

S'il a compris le message cette journée-là, il était déjà trop tard. Il était incapable de tenir en place. Il n'arrêtait pas de faire des téléphones. Il continuait à diriger ses affaires de sa chambre à coucher.

Au fond, il est mort comme il a toujours vécu. Il est mort entouré de gens qui l'aimaient. Il est mort heureux.

Il disait la veille de sa mort qu'entre lui et Jeanne, il n'y avait plus que 22 ans qui les séparaient, il y avait aussi un infarctus.

Je crois, à présent, que cela lui faisait très peur. Il craignait d'en sortir diminué, incapable d'accomplir les tâches qu'il s'était fixées. Les trois mois de convalescence qu'il devait passer, le troublaient. Il n'en voyait pas la fin. Contraint à l'inactivité, il était plus mort que mort.

Il croyait qu'il pourrait vivre jusqu'à cent ans! Son cœur avait peut-être cet âge quand il est décédé. Il n'avait pas une peur métaphysique de la mort. À l'écouter parler, on pouvait croire qu'il se sentait éternel.

Après son infarctus, il commença à voir les choses un peu différemment. Mais le vieux Pierre Dufresne avait repris le dessus.

Il disait:

— Je suis imbattable! J'ai fait un arrêt cardiaque et je m'en suis sorti. Je suis en pleine forme. Je vis mon trois mois de convalescence. Je vais faire tout ce que mon médecin me dira de faire!

Il ne le faisait pas vraiment. Il trouvait toujours le moyen de tricher, d'en faire un peu plus qu'il ne le devait. Entre les périodes où il dormait, il passait des heures au téléphone. Marie, une amie de Jeanne, qui veillait sur lui, ne savait plus quel moyen utiliser pour le faire tenir en place. Il aurait fallu qu'il comprenne. Et il ne comprenait pas. Il voulait réaliser l'impossible.

Même s'il se croyait indestructible, Pierre avait commencé à penser à la mort. Il avait dit à Jeanne:

— Tu sais, Jeanne, je pense beaucoup à la mort. Pas parce que je pense que je vais mourir . . . Mais quand il t'est arrivé ce qui m'arrive, tu te rends compte que tu vas mourir un jour. Et ça, tu n'y songes pas, sauf quand ton cœur arrête de battre durant presque dix minutes.

Il pensait à ceux qu'il laisserait s'il venait à mourir. Il réalisait qu'il y avait beaucoup de monde autour de lui. Il les aimait et ne le leur avait jamais dit.

Il poursuivait en disant:

— Il y a des gens que j'aime et qui ont de gros défauts. Peut-être que ça leur ferait du bien d'en entendre parler. Je veux leur dire ce que je pense d'eux, et aussi leur dire pourquoi je les aime.

Il avait commencé une série de lettres. Il en avait écrit une à Pierre Gauvreau, une autre à Sébastien Dhavernas qu'il ne put jamais terminer. Il craignait que Jeanne ne l'aime plus parce qu'il ne serait plus le même Pierre Dufresne qu'avant son infarctus. Rien ne réussissait à le rassurer. Au fond, il ne voulait pas que ses amis vivent sa convalescence.

Pierre possédait un certain côté ésotérique. Il se posait certaines questions sur la vie après la mort. Il m'avait confié qu'au moment de son arrêt cardiaque il s'était senti très léger. Comme s'il avait éprouvé la sensation de flotter. Il ne souffrait pas et il se sentait très bien.

Il avait lu le livre *La vie après la vie*, du docteur Moody. Il croyait à ce qu'on racontait dans le livre. À savoir que, au moment de mourir, on flotte au-dessus de son corps et qu'on s'éloigne peu à peu pour rencontrer une sorte de lumière divine. Mais durant ''sa mort'' d'une dizaine de minutes, il n'avait rien vu. Il n'en conservait, du moins, aucun souvenir. Qu'un trou noir. Comme s'il avait perdu connaissance.

Dans les pages qui suivent, j'ai tenu à vous présenter les dernières entrevues que Pierre a accordées. Je n'y ai rien changé pour ne pas altérer la teneur de ses propos. La seule chose que je regrette, c'est qu'en lisant les entrevues radiophoniques, il ne soit pas possible, hélas, de saisir toutes les nuances du son de sa voix, de son rire et de la joie qu'il manifestait. Il parle comme un homme que la vie a comblé et à qui il reste beaucoup de temps devant lui pour atteindre les objectifs qu'il s'était fixés.

Entrevue avec M. André Paillé, à CHRC, Québec, dans le cadre d'une émission qui s'appelait Québec Show, enregistrée le 20 septembre et diffusée le 23 septembre 1984.

A. Paillé: Monsieur Dufresne, bonjour. À quoi vous intéressez-vous à part le théâtre?

P. Dufresne: Eh bien, voici. Il y a quelques années, j'ai construit ma propre maison avec un ami menuisier. À un moment donné, une fois que la maison a été construite, je me suis dit: "Il faudrait bien mettre des meubles là-dedans." Alors, pendant deux hivers j'ai suivi des cours d'ébénisterie régulièrement. Je me suis mis à faire des meubles. C'est un peu ça mon hobby. J'ai installé chez moi un atelier de travail et je fabrique des meubles, à temps perdu, plus ou moins réussis évidemment, mais j'ai beaucoup de plaisir à le faire.

A. Paillé: Vous aimez voir ce que vous faites, le palper, sabler, et tout quoi?

P. Dufresne: Oui, c'est une satisfaction très sensuelle que d'arriver à faire un meuble, d'y toucher et de le voir. Nous, par exemple, les acteurs, nous avons une forme de création à l'intérieur des personnages que nous jouons mais nous ne sommes pas appelés des créateurs, nous sommes des interprètes. Donc nous souffrons un peu de ne pas être des créateurs. Sans doute que de pouvoir faire des meubles, ce besoin que j'ai de créer est satisfait de cette façon.

A. Paillé: J'imagine vous voir dans un atelier où vous fabriquez un meuble. Est-ce que, pour vous, c'est une détente complète, vous oubliez tout, ou si, pendant que vous êtes en train de coller, vous apprenez un texte?

P. Dufresne: Non. Je dois dire que si on veut faire un meuble convenablement, on doit se concentrer sur ça et pas sur autre chose, sinon on risque de faire de l'à-peu-près; et en ébénisterie l'à-peu-près n'est pas recommandable. Il faut que ça soit très précis. C'est justement ça qui fait la différence entre un menuisier qui construit une maison et un ébéniste. L'ébéniste doit être d'une perfection méticuleuse. La finition, c'est très important. Moi, mes meubles sont finis à l'intérieur comme à l'extérieur. Je prends beaucoup de temps pour les faire. Je m'amuse, c'est un hobby. S'il fallait que je vende ces meubles-là, je n'y arriverais jamais parce que je mets beaucoup trop de temps à les faire.

A. Paillé: Est-ce que vous copiez, par exemple, certains styles québécois ou encore le style français, du Louis XIV ou quoi?

P. Dufresne: Moi, j'ai construit une maison en pièces. Alors les meubles que j'ai fabriqués sont surtout en bois mou, en pin. Je copie un peu le style américain et les meubles canadiens, les armoires en coin, et tout ça...

A. Paillé: Vous avez dit un mot qui m'a frappé: "faut prendre le temps". Est-ce que c'est possible aujourd'hui — d'ailleurs, pour vous c'est une bonne recette — mais est-ce que vous prenez le temps de le faire?

P. Dufresne: Ah oui! Même si j'ai pas grand temps. C'est-à-dire que durant mes moments de détente, moi, il y a deux choses que je fais. Je joue au tennis parce que j'adore ça, j'y ai d'ailleurs toujours joué toute ma vie. J'adore le tennis, ça me tient en grande condition physique. Durant mes moment libres, le soir, je mets toute mon attention, tout mon plaisir dans la fabrication de mes meubles. C'est une très grande détente pour moi.

A. Paillé: Monsieur Dufresne, vous êtes venu aujourd'hui pour nous raconter une anecdote. Qu'est-ce que vous avez de bon à nous raconter?

P. Dufresne: Je suis surtout venu pour parler d'une pièce de théâtre... mais comme anecdote, voici: Il y a quelques années, je jouais une pièce avec Marjolaine Hébert, il s'agissait de *Pour cinq sous d'amour*. Je jouais un mari désagréable, comme on en voit beaucoup, malheureusement. La scène se passe au petit déjeuner et je commande ma femme. Entre autres, je lui dit: "Apporte le lait." Alors elle va au réfrigérateur, ouvre la porte, sort la pinte de lait, la pose sur la table. Je prends la pinte dans ma main, je verse le lait et (rire de Pierre) le lait avait caillé durant la nuit et tout est sorti d'un bloc, plash!... Évidemment ça m'a éclaboussé, de même que Marjolaine; et là, nous nous sommes regardés, tous les deux. Nous nous sommes mis à rire. Je ne sais pas combien de temps. Je pense que ça a duré un gros cinq minutes et Dieu sait que c'est long cinq minutes à rire sur scène. Les spectateurs qui se sont rendu compte de la scène ont ri avec nous. Vraiment un fou rire général. J'étais mort de fatigue, j'essayais de m'arrêter. C'est un petit peu comme à l'église lorsque le rire nous prend. On fait des efforts inouïs pour s'arrêter. Donc c'était très drôle, et pour les gens dans la salle et pour nous (rire de Pierre)...

A. Paillé: Est-ce que vous avez le fou rire facile?

P. Dufresne: Je suis plutôt porté à rire. Oui, disons que je suis le genre d'homme à avoir le fou rire...

A. Paillé: C'est comique quand les deux comédiens se mettent à rire.

P. Dufresne: Oui. Une autre anecdote comme ça, au sujet des rires. Je jouais une pièce avec Henri Norbert et aux répétitions Henri s'étouffait en buvant du vin. Et durant la répétition, il s'est étouffé pour le vrai! Tout le monde a ri. Alors, il s'est mis à s'étouffer tous les soirs. Il le faisait exprès parce que ça déclenchait notre rire et celui des gens dans la salle qui pensaient que ce n'était pas prévu. À un moment donné, on s'est dit: "Bon, c'est enfantin de rire comme ça. La prochaine fois, on ne rit plus. Mais lorsque le moment arrivait, je sentais que je ne pourrais pas m'empêcher de rire; et effectivement, je m'esclaffais et tout le monde aussi. C'est fou, on a joué cette pièce 48 fois et on a ri 47 fois au même endroit.

A. Paillé: M. Dufresne, vous êtes à CHRC, vous allez nous parler de la pièce que vous jouez à Québec *À toi pour toujours, ta Marilou*, de notre ami Tremblay.

P. Dufresne: Oui, c'est ça! Sûrement une des plus grandes pièces de Michel. Avec moi, il y a Nicole Leblanc qui joue Marilou, Danièle Fichaud qui fait Manon, et Louise Bourque qui joue Carmen. C'est une très grande pièce.

A. Paillé: On peut dire qu'avec le temps ça ne change jamais, du Tremblay. La mise en scène change et c'est ce qui ajoute quelque chose de nouveau.

P. Dufresne: Comme vous dites, ça ne vieillit pas, une pièce de Tremblay. Chaque metteur en scène y ajoute une touche personnelle qui fait que c'est différent d'une autre pièce. André Montmorency connaît très bien les personnages de Tremblay comme le revers de sa main. Il a vécu dans un milieu comme ça enfant. Il connaît les problèmes des gens. Comme Marilou, il a su nous inculquer cette tragédie extraordinaire qu'ont vécue des personnages, ce qui fait que tous les acteurs semblent se dépasser dans cette pièce. Nicole Leblanc est sublime! D'une sensibilité, d'une force, d'une vérité remarquables. Tous sont absolument remarquables, remplis de talent. C'est un spectacle merveilleux, éblouissant, que tout le monde devrait se faire un devoir de voir.

A. Paillé: Pierre Dufresne, Merci beaucoup!

P. Dufresne: Merci!...

Entrevue de Pierre avec Nathalie Suzanne, même poste et même date d'enregistrement.

N. Suzanne: Bonjour et bienvenue. C'est drôle, je me demande en ce moment: Est-ce que toutes les femmes, dans le moment présent, sont aussi comblées que je puisse l'être? J'en doute. Parce que je suis avec un très bel homme (rire de Pierre)... Mais en plus d'être beau, il est fin, gentil. Il a du charme, il est intelligent, il a plein d'humour... (rire de Pierre) et est plein de talent. Pierre Dufresne, bonjour (rire de Pierre).

P. Dufresne: C'est beaucoup de compliments. Après avoir entendu tous ces compliments, ça va bien.

N. Suzanne: Mais j'ai toujours pensé que tu aimais les compliments.

P. Dufresne: Oui, est-ce que ça existe quelqu'un qui n'aime pas entendre des compliments?

N. Suzanne: Est-ce que c'est plus marqué chez toi que chez d'autres?

P. Dufresne: Non, non, non (rire)... je ne pense pas (rire)...

N. Suzanne: Tu es sûr?

P. Dufresne: Non, non je ne suis pas certain mais... (rire) peut-être pas moins... sûrement.

N. Suzanne: Je te connais depuis environ 13 ans. En tant qu'homme, ça fait beaucoup plus longtemps que je te vois jouer. Je réalise qu'à chaque fois que je te vois je suis surprise, parce que je me dis: "Quand va-t-il prendre son coup de vieux? Il ne change pas!"

P. Dufresne: Je trouve que j'ai vieilli considérablement.

N. Suzanne: Tu trouves, toi?

P. Dufresne: Pas tant que ça. J'ai gardé une forme de jeunesse physique qui m'étonne parfois. Je me dis ça un peu en blaguant. Des fois je regarde des copains de mon âge qui ont l'air beaucoup plus vieux que moi.

N. Suzanne: Tu sais, à un moment donné, on se pose des questions. On se trouve une ride en plus, on commence à faire un petit peu d'angoisse.

P. Dufresne: Moi, j'ai cessé de compter les rides.

N. Suzanne: Quand ça a commencé à te chicoter, toi?

P. Dufresne: Non, je dois dire que ça ne m'a jamais dérangé, les rides. Non, jamais!

N. Suzanne: Ou te dire dans 10 ans, j'aurai 50 ou 60 ans.

P. Dufresne: Moi, j'en ai 57 présentement.

N. Suzanne: Tu n'as pas 57 ans, c'est impossible!

P. Dufresne: Oui, je suis né en 1927. Je suis un petit vieux, mais je suis en forme pour un gars de 57 ans. Je suis né le 7 avril 1927. Je suis à la veille d'avoir 60 ans et je dois dire que ça me dérange. Lorsque j'ai eu 40 ans, j'étais ravi, parce que, comme disent les Anglais: "la vie commence à 40 ans"; puis, dans mon livre à moi . . . c'est vieux! Je ne me sens pas encore vieux, mais j'ai l'impression que lorsque j'aurai atteint 60 ans . . . Très peu de gens me donnent mon âge. Il y a des gens qui me disent que je suis plus beau qu'à la télévision. Il faut dire que pour mon rôle de Joseph-Arthur, on me vieillit, alors . . . C'est à mon tour de te faire des compliments . . . officiellement. Moi, je trouve que tu es une fille ravissante. D'abord, tu es jolie, petite et j'aime les femmes petites. Ce qui me fait de la peine, c'est que tu ne chantes plus. Je dois dire que tu chantais joliment. Tu es aussi une excellente musicienne. Je trouve que c'est une perte.

N. Suzanne: Tu sais, Pierre, je me plais beaucoup plus à la radio.

P. Dufresne: C'est l'important, là ou l'on est heureux . . .

N. Suzanne: Pierre Dufresne, il faudrait absolument que tu me parles de ce microsillon que tu as enregistré avec Nicole Leblanc.

P. Dufresne: Il faut bien préciser que ce n'est pas Nicole Leblanc ni Pierre Dufresne, mais bien Joseph-Arthur et Rosanna. Ça s'appelle *Le temps d'une paix*. C'est mon frère, Yvan Dufresne, qui a eu l'idée d'enregistrer le disque. On a demandé à Pierre Gauvreau s'il ne pouvait pas nous écrire des monologues, des textes, et aussi peut-être des liens entre les chansons. Il y a quatre monologues sur le disque. Deux que Nicole fait et deux pour moi. On a enregistré dans un studio de Montréal. Gaston Brisson est un excellent musicien. Son père était violoneux, mais lui il a une culture classique au piano; il joue d'une façon extraordinaire. Il a fait de magnifiques arrangements. Denis Côté qui joue de l'accordéon, tous les musiciens sur cet album sont excellents. On s'est amusés comme des fous. On a fait 12 heures d'affilée, en mangeant dans le studio et on est revenus le lendemain enregistrer le *Minuit, chrétiens*. C'est Rosanna qui chante le *Minuit, chrétiens*. Nicole a une voix tout à fait étonnante, une voix de gorge, c'est de toute beauté!

N. Suzanne: J'aimerais savoir où tu as été élevé?

P. Dufresne: Je suis né dans la belle ville d'Outremont. J'ai vécu mon enfance dans ce quartier, ensuite nous sommes allés vivre à Notre-Dame de Grâce, où j'ai passé une partie de ma jeunesse, puis j'ai commencé à travailler comme annonceur de radio. J'ai fait les postes CJSO à Sorel, CKVL à Montréal, CHNC New-Carlisle, puis CKCH à Hull. Et c'est là que j'ai commencé à faire du théâtre. L'Office national du film était encore là, ce qui m'a permis de rencontrer beaucoup d'acteurs de Montréal. Et la télévision devait commencer ces années-là. Alors je suis allé tenter ma chance à Montréal, et j'ai été chanceux; j'ai eu du travail à Radio-Canada et ça n'a jamais arrêté depuis.

N. Suzanne: Pierre, si on revenait à cette époque où tu étais tout petit, il me semble que tu devais être un peu espiègle.

P. Dufresne: Oui. J'étais plutôt espiègle. Il faut dire que je négligeais totalement les études pour le sport. Je n'étais pas super-actif, mais je n'étais pas malade... Je faisais beaucoup de bruit. J'étais taquin avec mon frère et ma sœur.

N. Suzanne: Tu avais un frère et une sœur?

P. Dufresne: Yvan, que tu connais, et puis Louise qui est la femme de Rudel Tessier, cet ancien journaliste de *La Presse* qui s'est beaucoup intéressé aux artistes.

N. Suzanne: Es-tu l'aîné?

P. Dufresne: Non, c'est ma sœur qui est l'aînée, Yvan est le benjamin.

N. Suzanne: Et tes parents? Ta mère, elle était comment?

P. Dufresne: Elle est décédée depuis de nombreuses années. Elle était une très belle femme et elle jouait du piano. Mon père était un chanteur qui a fait une grande carrière. Il a chanté au Metropolitain Opera, à l'opéra de Paris... et finalement il est venu travailler à Radio-Canada où il est devenu directeur musical de Radio-Canada. J'ai été élevé dans le chant et la radio; je me considère presque comme un enfant de la balle. Ce qui a facilité mon retour à Montréal, c'est que je connaissais beaucoup de monde, pour y être allé avec mon père étant enfant...

N. Suzanne: Mais toi, ça te permettait de te sentir chez toi...

P. Dufresne: Oui, c'est ça, je me sentais tout à fait comme chez moi à Radio-Canada. Moi, j'ai une théorie sur la chance. Je prétends que tout le monde est à peu près chanceux de façon égale; ce qui fait la différence, c'est qu'il y en a qui sont prêts au moment où la chance passe, qui sont là pour la saisir. Ils sont préparés et tout. Parfois, ça implique beaucoup de travail, de préparation et moi je pense être un homme travaillant.

N. Suzanne: Je pense aussi que tu es surtout aussi un homme organisé, déterminé, discipliné.

P. Dufresne: Oui, je suis discipliné. Je travaille beaucoup. Depuis quelques années, je me suis lancé en affaires. Je suis propriétaire de trois théâtres. J'ai aussi des magasins de vidéo-cassettes. Je suis propriétaire d'un immeuble à Montréal. Oui, je fais de grosses affaires.

N. Suzanne: Tu vas finir, toi, comme M. Blake dans *Dynastie*.

P. Dufresne: Ah! je ne sais pas. Tu sais, faire des millions, c'est pas la chose la plus difficile sur la terre. Il s'agit de vouloir le faire et prendre les moyens honnêtes. Il s'agit de s'occuper de son affaire de façon intelligente, de s'entourer de personnel très compétent qu'on aime. C'est ce que j'ai fait. Je me suis entouré de gens que j'aime beaucoup et qui sont extrêmement compétents.

N. Suzanne: Dis-moi, est-ce que tes enfants travaillent avec toi?

P. Dufresne: Non. J'en ai un qui est encore aux études à Saint-Stanislas, à Montréal. Ma fille habite avec moi et elle a repris des études qu'elle avait laissées depuis quelques années. Mon fils aîné, lui, est un artisan joaillier, il fait de très jolies choses. Justement, dans un des théâtres, celui de Saint-Michel de Bellechasse, on a une boutique d'artisanat, et cet été, il a exposé ses œuvres. Parce que ce sont des œuvres! Il a eu beaucoup de succès. Il était ravi. Son style s'est beaucoup épuré, parce qu'il faut dire qu'il a passé quelques années en Amérique du Sud. Ça l'avait beaucoup influencé. Ils s'appellent: Stéphane, Isabelle et Nicolas.

N. Suzanne: J'imagine que tes enfants sont très beaux?

P. Dufresne: Oui, Nicolas, mon plus jeune est vraiment très beau. Il est grand, il mesure 6 pieds et 2 pouces! Stéphane, mon plus vieux, est moins grand mais il a beaucoup de charme, beaucoup de personnalité et est aussi beau. Isabelle, c'est une belle fille. Lorsque je me promène sur la rue avec elle, c'est presque gênant!

Les passants disent: "Regarde le petit vieux (rire de Pierre) qui sort avec une petite jeune."

N. Suzanne: J'aimerais te faire passer un petit test. J'ai douze questions pour toi. Ce qui va nous révéler des choses sur ton tempérament, ta personnalité . . . On commence. Est-ce que tu attaches beaucoup d'importance à ton apparence? Oui, non, ou parfois?

P. Dufresne: Oui.

N. Suzanne: Pour toi, la séduction, ça commence par quoi? Au premier regard, à la première parole échangée ou au premier contact corporel?

P. Dufresne: Je dirais au premier regard.

N. Suzanne: Pourquoi veux-tu qu'on t'aime? Pour ton âme, ta beauté ou ton intelligence (rire de Pierre)? . . .

P. Dufresne: Pour les trois. Enlevez la beauté parce que je trouve que c'est pas important. Je pense que c'est pour mon âme.

N. Suzanne: Quand tu veux faire une bonne impression, tu enlèves tes lunettes, tu mets tes lunettes ou tu portes des verres de contact teintés?

P. Dufresne: Je ne porte des lunettes que pour lire et même pas régulièrement. Si je portais des lunettes, je les garderais pour mieux voir la femme qui est devant moi. Pour répondre à la question, je mettrais mes lunettes.

N. Suzanne: Si tu veux établir un contact avec quelqu'un qui te plaît, tu donnes du velouté à ta voix, tu donnes de l'importance à ton attitude gestuel ou tu mises tout sur ton apparence esthétique?

P. Dufresne: C'est difficile de répondre, c'est toujours un petit peu des trois. Je ne sais vraiment pas quoi répondre. Disons que je vais donner un petit peu de velouté à ma voix.

N. Suzanne: As-tu toujours obtenu la femme que tu convoitais?

P. Dufresne: Toujours, c'est beaucoup dire, mais souvent. Je peux presque dire oui.

N. Suzanne: Tu vois quelqu'un qui te plaît, mais cette personne ne te remarque pas. Vas-tu toujours trouver le moyen d'attirer son attention? Ou tu ne sauras pas quoi faire. Ou si, selon ton humeur, tu vas arriver à attirer son attention?

P. Dufresne: Je penses que, d'une façon générale, j'arrive à attirer son attention.

N. Suzanne: Disons que tu remportes un succès. Qu'est-ce qui a joué en ta faveur: 90% de ton charme et 10% de ta compétence ou 50%

ton charme 50% ta compétence, ou 10% ton charme et 90% ta compétence?

P. Dufresne: Moi je dirais 50/50.

N. Suzanne: T'arrives dans un restaurant, sans avoir réservé. Tout est complet, mais tu décides d'aller parler au patron. Qu'est-ce que ça donne en général? Te dit-il de revenir demain, dans une heure ou s'il te trouve quand même une table?

P. Dufresne: Il me trouve une table (rire de Pierre) . . . ça je peux l'affirmer.

N. Suzanne: Est-ce que tes copains ou amis sont tous laids, plus beaux que toi, ou si tu n'as jamais fait attention à ça?

P. Dufresne: J'ai jamais fait attention à ça.

N. Suzanne: Admettons que tu te promènes avec ton chien dans la rue et que tu le perdes, est-ce que tout de suite plusieurs personnes lui courent après, ou tu t'époumones tout seul, ou tu fais appel à la S.P.C.A.

P. Dufresne: Je m'époumone tout seul.

N. Suzanne: Tu te promènes dans une ville animée et tu te rends compte que personne n'a essayé d'accrocher ton regard. Est-ce que tu te sens déprimé, ou si habituellement ce sont des choses que tu ne remarques pas, ou s'il se trouve toujours quelqu'un pour tenter d'accrocher ton regard?

P. Dufresne: Je suis habitué, lorsque je me promène dans la rue, à être reconnu. Parce que je suis un homme public... Je suis allé passer quelque temps avec ma femme à New York. Les premiers temps, j'étais ravi de ne pas me faire remarquer, mais après quelques jours, j'ai commencé à sentir ça bizarre de ne pas me faire remarquer. Disons que quelqu'un tente d'accrocher mon regard.

N. Suzanne: Le test était pour connaître ton potentiel de séduction.

P. Dufresne: Et qu'est-ce que ça donne?

N. Suzanne: Tu as un très haut pointage. Voici ce que ça dit: Vous êtes un séducteur-né. Pour vous, tout passe par le goût de séduire et vous êtes prêt à tout mettre en œuvre pour y parvenir. C'est plus fort que vous. C'est une seconde nature: un jour sans séduire est un jour perdu pour vous. C'est une façon d'exister, car si vous ne séduisez pas, vous n'avez plus l'impression d'exister. Ce qui est bien embêtant pour vous. Vous puisez votre énergie dans l'impact que vous pouvez avoir chez les autres. La magie que vous créez entre vous et l'objet de votre séduction vous envoûte, même si les choses en restent là. Vous attachez trop d'importance à votre apparence, et à votre esthétique. Vous semblez ignorer que la séduction ne passe pas que par un étalage d'un physique parfait et d'un regard envoûtant. En profondeur, vous sentez que vous avez en vous d'autres possibilités. Restez lucide, ne prenez jamais au sérieux ce trait de votre caractère, vous n'en serez que plus séduisant.

P. Dufresne: Voilà ce que j'ai compris depuis longtemps, que je prenne tout ça à la légère.

N. Suzanne: Est-ce que l'on t'a déjà beaucoup fait la cour?

P. Dufresne: Beaucoup? Non. Un peu. Et moi aussi, j'ai fait la cour, évidemment. Ça me plaît de me faire faire la cour. C'est agréable. Je trouve ça merveilleux!

N. Suzanne: La meilleure approche, ça serait quoi?

P. Dufresne: Direct... (rire) Je suis parfaitement d'accord avec le féminisme. Je suis derrière tout ça. Ma femme est très féministe. Elle est médecin, elle sait ce quelle veut. Il a fallu qu'elle se batte pour devenir médecin.

N. Suzanne: Je remarque que tu joues avec le fil du micro. As-tu d'autres petites manies comme ça?

P. Dufresne: Peut-être. Faudrait que je fouille.

N. Suzanne: J'aimerais que l'on écoute le monologue *maudit grattage* qui est tiré du microsillon *Le Temps d'une Paix*. As-tu eu envie de rire quand tu as enregistré ce monologue?

P. Dufresne: Non. Au moment où je le faisais, j'essayais d'être le plus juste possible. La première fois que je l'ai lu, c'était très amusant et très drôle.

N. Suzanne: Tu me disais que vous aviez fait ce microsillon dans la bonne humeur, qu'il y avait un esprit d'équipe — ça se sent d'ailleurs — vous avez dû vous amuser beaucoup?

P. Dufresne: Oui, et il faisait très chaud en studio. C'était une journée très chaude. Il n'y avait pas d'air climatisé, ou à peine. On était tous en transpiration. Tous les gens qui ont entendu le disque ont eu cette réaction de se croire en plein party du Jour de l'An. Ça leur rappelle des souvenirs merveilleux de leur enfance. C'est pas vraiment un microsillon du "Temps des Fêtes". Ça s'écoute tout le temps. Avec les textes de Pierre Gauvreau, on ne peut pas se tromper, c'est tellement juste et beau. Il faut dire que le cadre du *Temps d'une Paix*, dans le comté de Charlevoix, c'est extraordinaire! L'arrière-pays, juste à côté des montagnes, nous donne une vue fantastique!

N. Suzanne: Il faudrait absolument que l'on se parle de tes projets.

P. Dufresne: Cette saison, je continue le *Temps d'une Paix*. Il y a aussi *Grand-Papa* et *Passe-Partout*. Mais mes projets ne sont pas tellement des projets de travail, ce sont surtout des projets de vacances. J'ai décidé, après 15 ans sans vacances, de partir quelques semaines au Club Med., à la Martinique, dans le temps des Fêtes; puis, l'été prochain, j'aimerais louer la maison des Fournier, à Pointe-aux-Pics. J'y passerais un mois complet. Pour terminer, je partirai ensuite un mois, un mois et demi pour l'Europe... voilà! Je ne jouerai pas l'été prochain au théâtre. Je pense qu'en vacances, je ne ferai absolument rien, rien! Faire ce que je veux, quand je le veux, donc pas d'horaire. Vraiment, je n'avais pas le temps de prendre des vacances. C'est ma femme qui m'y a obligé. Elle m'a dit: Tu vas marquer dans ton agenda, au même titre que le reste, que de telle date à telle date tu es parti en vacances. J'ai dit: O.K.!

N. Suzanne: Tu n'es jamais allé dans un Club Med.

P. Dufresne: Oui, j'y suis allé une fois. J'aime bien, étant un sportif, je suis ravi. Tout est organisé et moi je suis un mauvais organisateur. S'il n'y a pas une femme pour organiser la journée, je suis embêté. Je me lève tôt le matin. Je vais jouer au tennis, je me baigne un peu, je fais de la voile, de la plongée sous-marine, je mange beaucoup, je bois beaucoup j'aime ça. Ça me fera tout drôle. Habituellement aux Fêtes, je reçois les enfants, dans les Laurentides, avec la neige, le ski, le patin. Nous, on associe Noël avec de la neige . . . l'arbre de Noël, les cadeaux et tout et tout . . .

N. Suzanne: Pierre Dufresne, merci beaucoup . . .

Sa dernière entrevue pour un magazine. (Yolande Vigeant, magazine La Semaine, *10/11/84)*

Voici une des dernières entrevues que Pierre a accordée à Yolande Vigeant du magazine *La Semaine* en date du 10 novembre 1984.

Je vous en livre quelques extraits parce que mon frère y raconte un peu ce qui s'est passé le jour de son infarctus.

(. . .) Au moment où j'ai eu le plaisir de visiter le comédien, ça ne faisait que deux semaines, jour pour jour, qu'il avait passé à un cheveu de la mort car l'attaque a eu lieu le mardi 9 octobre 1984.

— Est-ce qu'il y avait eu des signes avant-coureurs, Monsieur Dufresne?

— Absolument pas. Ce matin-là, je m'étais levé pour enregistrer quelques émissions de la saison régulière, puis j'étais allé répéter. Je me rappelle, quelqu'un m'avait même dit: "Tu as l'air très en forme aujourd'hui."

— Donc, rien ne laissait présager . . .?

— Non, et même quand un ami m'a demandé si je croyais avoir le temps de jouer au tennis le midi, j'ai accepté. Nous avons échangé quelques balles, et tout à coup, j'ai senti comme une pression en plein milieu de la poitrine, mais ça ne me faisait pas mal. Malgré tout, je me suis arrêté et j'ai dit à mon copain que ça n'allait pas, que je me sentais fatigué et que je voulais me reposer un peu. Je suis allé prendre un verre d'eau et la pression augmentait: je me suis rappelé avoir lu à la maison un dépliant qui parlait des signes avant-coureurs de l'infarctus et j'ai dit à mon ami: "Je pense que je fais un infarctus."

— L'infarctus frappe comme ça, à l'improviste, n'est-ce pas?

— Heureusement qu'il y avait un assistant professionnel qui était libre et, nous avons sauté dans sa voiture et en route pour l'hôpital.

— À quoi pensiez-vous durant le trajet?

— Ça a dû prendre entre une demi-heure ou trois quarts d'heure pour nous rendre à l'hôpital et la pression allait toujours en augmentant.

Je transpirais abondamment, j'étais blanc comme un drap.

— Finalement, vous êtes arrivé à l'hôpital sans encombre?

— Je leur ai dit: "Je pense que je fais un infarctus" et ils n'ont pas perdu de temps: la civière, le masque à oxygène et quelques minutes après seulement j'ai fébrillé, il y a eu un arrêt cardiaque complet.

— Vous étiez cliniquement mort?

— C'est-à-dire qu'immédiatement on m'a fait des électro-chocs, des massages cardiaques car le danger, dans un arrêt cardiaque complet, c'est qu'il n'y ait pas de sang qui irrigue le cerveau et on peut se réveiller à l'état de légume. Il s'agissait donc de faire repartir le cœur le plus rapidement possible, ce qui a été fait. Mais je ne me suis pas senti partir . . . ça n'a été qu'un trou noir et c'est après que les médecins m'ont raconté ce qui était arrivé.

— Vous avez ensuite été retenu aux soins intensifs?

— Oui, pendant une semaine, et quand je me suis réveillé, ma femme était à mes côtés, ce qui m'a grandement réconforté. J'avais encore le masque pour l'oxygène, des calmants, des pilules pour régulariser le cœur et on venait m'ausculter toutes les cinq minutes, mais j'étais hors de danger.

— Étiez-vous souffrant?

— Pas du tout, après l'attaque initiale, je n'ai plus rien senti du tout, mais je sais ce qui m'est arrivé car les médecins m'ont expliqué. Il y avait une artère de bloquée, donc il n'y avait pas de sang qui se rendait dans une partie du cœur. À toutes fins utiles, cette partie du muscle cardiaque est finie, morte et elle va rester morte. Mais ça va se cicatriser, il y a des vaisseaux qui vont se reformer et je pourrai fonctionner normalement.

— Aucune incapacité n'est prévue?

— Mes médecins me disent que ça va revenir dans une proportion de 80 à 85 p. cent. Comme j'allais toujours plus vite que tout le monde, ça va me mettre au rythme des autres tout simplement. Ça n'est qu'une légère diminution et je ne m'en fais pas trop avec ça. À bien y penser, je n'ai pas le choix, n'est-ce pas? Je prends ça avec philosophie et suis heureux que mon frère Yvan soit là car il s'occupe très bien de mes affaires. Mon épouse également est très impliquée dans la gestion.

— Comment voyez-vous tout ça avec le recul, le moment de crise passé?

— Il y a toujours deux côtés à la médaille, n'est-ce pas, et on ne voit pas toujours le bon côté de prime abord. La diminution, être confiné dans un hôpital, pas capable de bouger pendant trois mois (repos complet), etc. Mais il y a l'autre aspect également: je me dis que je pourrais être mort et enterré aujourd'hui, que je serais déjà oublié de presque tout le monde, et je suis très heureux d'être encore vivant. Il ne me reste qu'à m'organiser pour être en pleine forme.

— La vie, ça va comme c'est mené dans le fond?

— C'est un peu ma philosophie, mais il y a eu des moments merveilleux... l'amour des gens... mon frère Yvan qui était très inquiet, mon épouse, mes enfants. Mon aîné est venu vite me voir (je l'ai senti inquiet) et mon plus jeune (il a 19 ans) m'a dit: "Papa, je me suis mis à genoux tout de suite et j'ai dit: J'espère qu'il ne mourra pas." Tout ça est tellement chaleureux. Ma fille qui me dit: "Je t'aime" alors qu'on ne se dit pas ça souvent... pas assez souvent, mais ça fait chaud au cœur. Il y a les amis également...

— Je remarque que votre téléphone n'arrête pas de sonner?

— Oui, je viens de quitter Nicole Leblanc, je commence à avoir le droit de recevoir quelques visites, les bons vœux affluent et ça m'aide beaucoup de sentir tout cet appui, ce support bien que je garde un excellent moral. Mais je me suis enfin décidé à arrêter de fumer car je suis persuadé que c'est le tabagisme qui est à l'origine de tout ça.

(Voici quelques extraits d'une entrevue exclusive que Pierre accordait au journaliste Denis Monette.)

"Il est préférable de se séparer plutôt que d'en arriver à se déchirer ou se tromper." (Pierre Dufresne)

Dans son édition du 3 novembre 1984, le magasine *Le Lundi* proposait à ses lecteurs une entrevue exclusive de Denis Monette avec le comédien Pierre Dufresne dans le cadre d'une chronique intitulée *Du fond du cœur*. Cette entrevue avait été réalisée quelques jours seulement avant la première défaillance du regretté Pierre Dufresne. En guise de témoignage et de souvenir, nous vous proposons de relire cette entrevue très touchante et très humaine d'un homme qui avait choisi de vivre.

Saviez-vous que Pierre Dufresne, l'extraordinaire Joseph-Arthur du *Temps d'une Paix* était fort bel homme? C'est lors de ma rencontre avec lui à ses bureaux du Vieux Montréal que je me suis rendu compte que, sous le déguisement du prétendant de Rose-Anna, se cachait un athlète de 57 ans, fort bien de sa personne et impeccable dans sa tenue vestimentaire. Affichant facilement dix ans de moins que son âge, Pierre Dufresne ne m'a pas surpris quand il m'a parlé des quatre jolies femmes qu'il avait eues dans sa vie. Viril sans être "macho", ce comédien au talent exceptionnel est doublé d'un homme d'affaires averti. Affable, distingué et fin causeur, je n'en dirai pas davantage puisque l'entrevue qui suit vous dévoilera, sans détour, le véritable visage de l'acteur le plus adulé de ce *Temps d'une Paix* qui ne cesse de nous éblouir. Et voilà . . . c'est parti!

Nous parlons de l'émission la plus écoutée de l'heure et il me dit: "Cette année, ce sera meilleur que les précédentes parce que les textes que nous avons sont extraordinaires. Il y aura aussi de nouveaux personnages tels Amulette Garneau qui arrivera à titre de l'ancienne "blonde" de Joseph-Arthur, ce qui ne plaira pas à Rose-Anna. Il y aura aussi une épouvantable tempête où Rose-Anna perdra des animaux alors que sa grange sera détruite. Tout ira mal parce que ses enfants l'auront quittée et qu'elle voudra vendre. Il y aura aussi le krach de 1929 qui, au point de vue dramatique, sera extraordinaire. Bref, c'est à voir car c'est une série encore plus belle que par les années passées!

— Ce qui ne vous empêche pas de brasser des affaires, à ce que je vois?

— Oui, car mon associé et moi avons fait l'acquisition de plusieurs compagnies. Nous avons même acheté des magasins de vidéocassettes qui marchent très bien. Nous avons aussi acheté le théâtre Molson et la saison qui se termine a été fort bien. De plus, mon frère Yvan a eu l'idée de produire un microsillon intitulé *Le Temps d'une Paix* et que j'ai fait avec Nicole Leblanc. Je pourrais dire que notre entreprise réalise un chiffre d'affaires d'un million de dollars par année, ce qui m'évite d'avoir des périodes creuses. (Éclat de rire)

— Et ce microsillon, de quoi se compose-t-il?

— Il y a, sur ce disque, des monologues de Pierre Gauvreau et des liens entre des chansons que j'interprète seul ou en duo avec Nicole. Comme Nicole est une fille de la Gaspésie, elle avait en sa possession une cassette venant de son grand-père avec des chansons pour la plupart inconnues qui venaient de générations antérieures. C'est à l'âge de 90 ans que son grand-père avait enregistré cette cassette et c'est à partir de là que nous avons conçu le disque. Nous y avons inclus le fameux *Minuit, chrétiens* de notre émission spéciale de Noël, mais à part *Des mitaines pas de pouce en hiver*, toutes les autres chansons se veulent très anciennes et plairont au public friand d'un siècle qu'ils n'ont pas connu. Le tout commence alors que Rose-Anna et moi sommes en charrette et c'est là que se trame le scénario de notre périple musical entrecoupé de monologues. Nous comptons sur le succès de ce disque et qui sait si, plus tard, une pièce de théâtre ne viendra pas s'y ajouter. C'est déjà en vente et les pronostics s'avèrent optimistes si on en juge par les premiers jours de vente.

— Vous n'avez jamais manqué de travail, si je ne m'abuse?

— C'est vrai et depuis que j'ai atteint l'âge de 40 ans, je travaille beaucoup plus. J'ai toujours bien gagné ma vie, car j'ai commencé comme annonceur de radio, ce qui fait que lorsque j'ai débuté comme acteur il y a 30 ans, mon expérience à la radio m'a permis de faire en plus beaucoup de commerciaux. Je n'étais pas très en vue comme acteur, mais comme régulier des réclames commerciales, j'étais très en demande.

— Vous avez quand même participé à plusieurs téléromans?

— Je dirais oui puisque j'ai joué dans *Cap-aux-Sorciers*, *Les Filles d'Ève*, *Grand-Papa*, etc... en plus du théâtre et du cinéma où j'ai tourné dans plusieurs films dont *"Le Temps d'une chasse"* et que j'ai beaucoup aimé. J'ai aussi fait de la chanson. Oui, j'ai commis ce péché (éclat de rire), mais à un certain moment, il m'a fallu prendre une option car je ne pouvais mener deux carrières de front. J'ai donc troqué le baryton pour le comédien.

— Vous aviez pourtant une voix superbe?

— Assez juste, du moins, et j'ai fait plusieurs opérettes ainsi qu'un disque. J'ai adoré les opérettes et ça demeure pour moi parmi les beaux souvenirs. Yoland Guérard me disait dernièrement qu'il voulait monter *L'Auberge du cheval blanc* et qu'il avait un rôle pour moi . . . et je ne dis pas non.

— Suzanne a été votre première épouse, Pierre?

— Non, la deuxième. J'avais d'abord été le mari de Hélène Houde pendant quatre ans et nous avons divorcé sans avoir d'enfants de notre union. C'est par la suite que j'ai épousé Suzanne Laberge qui se veut la mère de mes trois grands enfants: Stéphane, Isabelle et Nicolas.

— Ils ont quel âge aujourd'hui?

— Stéphane a 22 ans, Isabelle 21 ans et Nicolas a fêté ses 19 ans.

— Vous avez été marié longtemps à Suzanne?

— Pendant dix-sept ans et c'est à la suite de cette rupture que je suis allé vivre avec Marthe pendant neuf ans. Là aussi, ça s'est terminé, mais Marthe travaille toujours pour moi et elle dirige mon théâtre de Sainte-Adèle.

— Êtes-vous resté ainsi en bons termes avec toutes vos partenaires?

— Pas la première, parce qu'on ne se voit plus depuis très longtemps. En ce qui concerne Suzanne, on se voit assez régulièrement parce que je lui verse une pension alimentaire et que les enfants sont un lien étroit entre nous. Nos rapports sont d'ailleurs excellents. Marthe et moi sommes restés de grands amis et l'on se voit régulièrement du fait qu'on travaille ensemble.

— Dites donc, vous avez ravagé bien des cœurs à ce que je vois?

— Oui... c'est effrayant! (éclat de rire) mais je n'ai pas eu pour autant beaucoup de femmes dans ma vie. Je n'en ai eu que quatre, mais je les ai gardées longtemps chacune.

— Avouez que Suzanne Laberge était une fort jolie femme!

— Oui, extrêmement jolie tout comme Hélène, la première, qui était aussi très belle. Marthe était une très jolie femme et Jeanne, celle avec qui je vis présentement, est très jolie aussi. Sur le plan beauté, j'avoue avoir été plus que choyé! (éclat de rire)

— Pour en être rendu à quatre femmes, seriez-vous difficile à vivre?

— Non, je ne pense pas... mais c'est difficile de vivre à deux. Ça prend beaucoup de temps à apprendre cela et moi, je crois que je commence tout juste à savoir ce que c'est. Il n'est même pas prouvé que je vais être définitivement avec Jeanne, parce que la vie est tellement bizarre.

— En quel sens?

— Autrefois, les gens étaient malheureux et restaient ensemble parce que se séparer, ça ne se faisait pas. Je connais même des couples qui ont été malheureux ensemble pendant 25 ans, tant que l'un des deux n'a pas crevé.

— Et vous, vous avez enfreint ces lois?

— Oui, moi, quand ça n'allait plus, je disais "salut, la visite!" Avec Suzanne, je pensais bien que ça durerait toujours et, à un moment donné, on s'est mis à moins s'aimer et à ne plus s'aimer du tout. C'est là qu'on s'est séparés.

— Après dix-sept ans, c'est sans doute plus difficile, non?

— Oui, surtout avec des enfants, c'est extrêmement pénible. Je pense cependant qu'il est important de prendre une décision comme celle-là plutôt que d'en arriver à se déchirer ou se tromper. Suzanne est aujourd'hui une femme beaucoup plus heureuse et moi aussi.

— Et l'histoire se répéta par la suite?

— Avec Marthe, la merveilleuse aventure a duré neuf ans. Au bout de ces années, on s'est rendu compte que l'amour n'était plus là, mais que nous étions de grands amis. D'un commun accord, on a donc décidé de rompre la liaison et d'en garder le souvenir d'une belle expérience. Ce fut donc la fin de notre roman et c'est là que j'ai rencontré Jeanne qui est une femme remarquable.

— Jeanne est plus jeune que vous?

— Oui, elle a 35 ans . . . donc, beaucoup plus jeune que moi! (éclat de rire) Elle a de plus, une charmante petite fille de 5 ans prénommée Josette.

— Vous ne trouvez pas difficile de vous retrouver avec une si jeune enfant?

— Non, au contraire, il y a évidemment l'adaptation, mais c'est une charmante enfant et moi, ça me donne un coup de jeune. J'ai l'impression de revoir mes propres enfants quand ils avaient cet âge.

— Vous avez encore la même patience?

— Je dirais que je suis plus patient encore que je ne l'étais avec mes enfants. N'allez pas croire que j'ai avec cette petite une relation "grand-père". Je ne suis même pas encore grand-père par mes propres enfants. Comme je suis avec Jeanne depuis deux ans, l'enfant me connaît depuis qu'elle est bébé ou presque et m'appelle gentiment "Pappy".

— Parce qu'elle connaît son véritable père?

— Oui, et elle a une relation très intense avec lui, son père vit aussi avec une autre femme et cette dernière l'aime beaucoup. Comme il travaille en Afrique, ça permet à la petite d'aller y faire son tour, de parler créole et de voyager, ce qui est merveilleux pour elle.

— Vous aviez la réputation d'être coriace. Vous êtes-vous attendri avec les ans?

— D'abord, c'est une fausse réputation et c'est dû aux rôles que j'ai joués. Je dirais que je suis plutôt sensible, mais pas plus qu'il ne faut. Je suis comme tout homme bien balancé, tendre à mes heures et sévère parfois.

— Assez tendre pour offrir des fleurs à une femme de façon "fleur bleue"?

— Bien sûr et si vous appelez ça être "fleur bleue" je le suis et j'ajoute qu'il est important de l'être. Il se peut que j'oublie parfois parce que je suis débordé de travail, mais Jeanne qui est médecin et qui a de son côté énormément de responsabilités le comprend.

— Et dire qu'il y a des femmes qui vous croyaient "macho"?

— Ah non, pas du tout. Je ne l'ai jamais été. Remarquez que l'on est tous un peu "macho", surtout les hommes de mon âge, à cause de l'éducation reçue. Un qui semble être particulièrement "macho" c'est Jean-Paul II (éclat de rire). Il fait des déclarations qui vont à l'encontre des aspirations de la majorité de nos Québécoises et elles lui en veulent beaucoup, je pense. J'écoutais justement les homélies du Saint-Père et ça me ramenait 30 ans en arrière. Je l'écoutais et je me disais: "Bon Dieu, j'ai l'impression d'écouter les prédicateurs du temps où l'on nous parlait du péché quand on sait que notre clergé est celui qui a le plus évolué. On peut dire qu'on a un clergé qui se tient maintenant en majorité à gauche et je pense que le pape est carrément à droite et ne semble pas vouloir en bifurquer d'une miette. Les membres du clergé qui sont de son côté doivent jubiler de ce retour aux sources, mais pour ma part, à certains moments, le pape m'a donné l'impression de vraiment nous ramener au ''Temps d'une paix''!

— Et le temps qui passe ne vous fait pas peur?

— Pas du tout, car je suis en bonne santé et en pleine forme. Il est évident que je vois moins bien qu'à 20 ans et que j'entends un peu moins bien qu'avant. Je ne suis pas sourd, mais disons que l'ouïe diminue, mais ça se fait tellement en douceur que ça ne me dérange pas. Je peux lire sans verres, mais quand je les porte, ça devient plus clair! (éclat de rire) Dire que j'ai lu dans un livre de médecine qu'on était vieux à 50 ans! Bien, j'ai des petites nouvelles pour eux! (éclat de rire)

— Joseph-Arthur du *Temps d'une paix* est un libéral enragé. Pierre Dufresne ne l'est-il pas autant dans la vie?

— Je suis un citoyen qui vote régulièrement et là, j'ai voté pour un parti. Ce qui ne veut pas dire, par contre, que je ne voterai pas pour un autre dans quatre ans si je n'ai pas été satisfait. Pierre Dufresne n'est pas Joseph-Arthur, rassurez-vous!

— Donc, le bilan se veut très positif?

— Oui, et assez satisfaisant. Comme acteur, j'ai fait ma marque et ça va bien. Au point de vue financier, je n'ai pas de tracas et si je décidais d'arrêter de travailler, je pourrais vivre convenablement le reste de mes jours. J'ai des enfants que j'aime et qui réussissent assez bien leur vie. Je suis bien avec la femme avec laquelle je vis parce que je suis aimé et que j'aime. Donc, je suis un homme très heureux...

Et voilà que le téléphone se mit à sonner. C'était son frère Yvan qui lui parlait de la promotion du disque *Le Temps d'une Paix* ou son associé qui lui lisait sans doute un contrat qu'ils allaient signer. Forgeron de son propre mérite, autodidacte de son savoir-faire, Pierre Dufresne m'avoue que la persévérance est à la base de tout succès. Comédien jusqu'au fond de l'âme, homme d'affaires averti, il ne craint pas pour ses vieux jours, et avec raison, avec cette santé et cette prestance qu'il a gardée du jeune premier. Ce soir, quand tout redeviendra calme, c'est avec la tendresse et l'amour qui l'habitent qu'il retrouvera Jeanne, la charmante gynécologue qui partage sa vie et qu'il prendra sur ses genoux la petite Josette qui voudra sans doute un conte pour mieux s'endormir. Très paternel et plein d'affection comme il le dit, il ouvrira son cœur sur l'émotion pour le fermer sur la raison. Demain? Pierre Dufresne redeviendra "Joseph-Arthur" pour étreindre avec le même sourire... la douce Rose-Anna St-Cyr!

(Entrevue accordée à Michèle Lemieux, Publications Domaines, en novembre 1984.)

"À 56 ans, j'apprends finalement à vivre avec les femmes." (Pierre Dufresne)

Le travail n'a jamais tué personne! Pierre Dufresne est bien la preuve vivante de ce vieux dicton! Comédien, propriétaire de trois théâtres d'été, sportif, père de famille et j'en passe, il ne s'assoit guère sur ses lauriers! Il est aisé de comprendre pourquoi il semble si jeune, alerte et dynamique malgré ses 56 ans: à ce rythme, il n'a pas le temps de vieillir! Il a même trouvé le temps, il y a quelques années, de construire lui-même sa propre maison de rêve et avoue candidement qu'il ne pratique plus l'ébénisterie, faute de temps! Mais, déclare-t-il, ce passe-temps s'avérera sûrement utile quand, une fois retraité, il pourra "meubler" ses vieux jours . . .

— Monsieur Dufresne, vous paraissez finalement dix ans plus jeune que votre âge . . .

— Oui, habituellement c'est ce que l'on me donne, 45 ans, et j'avoue que cela me plaît beaucoup d'ailleurs.

— Vous avez un secret?

— Je me tiens en forme, même si je suis très occupé, mais je pense que le métier de comédien aide à rester jeune. Ce métier étant très exigeant et requérant une grande discipline, je ne peux me permettre de laisser-aller.

— Vous étiez "playboy" jeune?

— J'étais "cute", hein? J'avoue que j'avais un certain succès. C'était bien agréable et cela a continué longtemps d'ailleurs! Même aujourd'hui encore! Je sortais beaucoup avec les filles, c'était bien excitant!

— Quand on a l'air si jeune, vieillir devient-il plus angoissant?

— J'avoue que vieillir n'est pas la chose la plus agréable sur la terre, j'essaie de prendre la chose le plus stoïquement possible, mais ce serait vous mentir que de déclarer que cela ne me dérange pas du tout. Ce qui m'embête, c'est le fait d'être diminué physiquement.

— Les malaises commencent à se faire sentir?

— Oui, maintenant il m'arrive fréquemment d'avoir des maux. Je sens que la machine fonctionne moins bien qu'avant. Un tas de choses m'indiquent que je vieillis: je vois moins bien, j'entends moins bien, et dans 10 ans ce sera pire encore!

— Vous êtes donc conscient de la vieillesse?

— Oui, car déjà pour moi c'est une chose que je dois affronter mais je ne la crains pas.

— Et la mort?

— La mort ne m'effraie pas. De toute façon, je n'y pense pas et quand j'y songe, cela ne m'apeure pas véritablement. Ce n'est pas très agréable mais ce n'est pas une chose tracassante non plus. Pas encore, du moins! J'aime tellement vivre que je veux que ce soit le plus loin possible. J'ai déjà fixé à 100 ans passé l'âge de mon décès!

— Vous êtes marié, présentement?

— Non, je vis en concubinage.

— Depuis combien de temps?

— C'est relativement nouveau, cela fait un an.

— Vous avez, je crois trois enfants?

— Oui, mon fils aîné a 22 ans, ma fille a 21 ans et mon fils cadet a 18 ans. Ils viennent à la maison régulièrement.

— Et votre compagne, a-t-elle de son côté des enfants?

— Oui, elle a une charmante petite fille de cinq ans; alors je reprends d'une certaine façon mon rôle de père.

— Cela vous plaît-il de reprendre ce rôle?

— Honnêtement, je dois dire que cela ne me déplaît pas du tout. D'abord, c'est une enfant particulièrement intelligente et elle est très jolie. Pour moi, c'est toujours plus facile d'être gentil avec des gens qui sont beaux et intelligents.

— Comment s'entend tout ce monde, vos trois enfants et la petite de cinq ans?

— Ils s'entendent tous très bien et sans problème. C'est très agréable, et mes enfants sont assez vieux pour comprendre.

— Vous n'êtes pas grand-père encore?

— Non, je suis beaucoup trop jeune!

— Êtes vous un homme facile à vivre?

— Je crois que oui. Je suis un homme très occupé, alors je rentre souvent très tard à la maison mais quand j'y suis, j'essaie de mettre de côté toute autre occupation. J'avoue que je n'y parviens pas toujours car je dois tout de même apprendre mes textes. En plus, ma femme est médecin, alors elle est aussi très occupée de son côté. Une carrière fort intéressante de part et d'autre.

— À ce rythme, avez-vous le temps de vous rencontrer?

— Nous nous rencontrons très souvent, tous les jours. Les fins de semaine, sauf quand je joue au théâtre, nous passons tout notre temps ensemble. Nous avons une vie trépidante et merveilleuse!

— Est-elle plus jeune que vous?

— Oui, elle a plusieurs années de plus jeune que moi, elle a 35 ans.

— Votre relation tous les deux est-elle bonne?

— Je trouve que nous avons une relation pas mal extraordinaire. Du fait qu'elle soit autonome, qu'elle ait une profession qui la passionne et que ce soit une fille brillante en plus de cela, nous avons beaucoup de choses intéressantes à échanger.

— Vous disiez être facile à vivre, vous avez d'autres qualités?

— Parler de ses qualités c'est très difficile... Je dirais que je suis un homme plutôt agréable, persévérant, travailleur et gai. Je suis un homme heureux! En fait, je n'ai jamais véritablement eu de probèmes qui auraient pu m'affecter, j'ai eu une enfance plutôt dorée, ensuite j'ai commencé à travailler comme acteur et tout de suite ma carrière a démarré. C'est très agréable de sentir que l'on a réussi sa vie.

— Vous considérez avoir réussi votre vie?

— Oui, pas à 100 p. cent mais de façon agréable, je suis un homme qui a réussi et qui réussit encore d'ailleurs. En plus, je sais qu'à moins qu'il m'arrive quelque chose d'épouvantable, je n'aurai pas de problèmes financiers. Alors tout ceci fait qu'il est plus facile pour moi d'être heureux.

— Vous profitez pleinement de votre vie?

— Oui, mais sans nuire aux choses que je dois faire. Je suis avant tout un homme de devoir... Lorsque j'ai eu des enfants, je m'en suis occupé, j'ai vu à ce qu'ils ne manquent de rien, donc je crois avoir réussi à faire face à mes responsabilités. Je suis sérieux mais j'aime bien m'amuser, profiter de la vie. La vie m'a gâté!

— Quels sont vos buts?

— C'est de continuer tout ce que j'ai entrepris et surtout, réussir ma vie personnelle, c'est-à-dire réussir ma vie avec la femme que j'aime présentement.

— Vous êtes ambitieux?

— Oui, je suis ambitieux! Il y a quelques années, l'important pour moi, c'était le travail, cela passait avant tout. Maintenant, ma priorité c'est de réussir ma vie avec ma femme. À 56 ans, j'apprends finalement à vivre avec les femmes!

Eh bien! il n'est jamais trop tard pour apprendre! Nous pouvons lui souhaiter bonne chance dans les mille et une activités qu'il mène de front... mais surtout, longue vie!

Entrevue accordée aux Publications Domaines en novembre 1984

"Joseph Arthur est sans doute le personnage le plus coloré". (Pierre Dufresne).

Dans le milieu théâtral, son nom n'est plus à faire. Joseph-Arthur Lavoie ou, si vous préférez, Pierre Dufresne, se veut un comédien de première importance. Dans le téléroman *Le temps d'une Paix* il a aussi, nécessairement, droit à une part considérable dans le succès de cette émission...

— Pour le bien de nos lecteurs, pourriez-vous situer votre personnage, monsieur Dufresne?

— Il s'appelle Joseph-Arthur Lavoie et, évidemment, c'est un personnage important au sein de cette paroisse. On n'a jamais spécifié de quelle paroisse il s'agissait, mais l'on sait que c'est dans le comté de Charlevoix, près de la Malbaie. Joseph-Arthur est l'organisateur libéral du contrat de voirie donc, c'est l'homme le plus influent de l'endroit. Il est aussi homme d'affaires et cultivateur à la fois. Tout le monde sait qu'il est amoureux d'une belle veuve qui s'appelle Rose-Anna St-Cyr, rôle interprété par Nicole Leblanc.

— Il possède de belles qualités ce Joseph-Arthur?

— Sûrement, il est franc, intelligent et ratoureux malgré sa grande franchise; il est habile aussi. Il a deux garçons, Yvon qui est marié et qui a plusieurs enfants maintenant (on ne sait pas le nombre exact) et Valérien son autre fils qui, lui, a des talents de peintre.

— Aimez-vous incarner ce personnage?

— Oui, car il est très beau et, actuellement, à la télévision, c'est le personnage masculin le plus coloré, et sans doute le personnage masculin le plus populaire. Pour un acteur, c'est du bonbon cette affaire-là!

— Prévoyez-vous de nouvelles intrigues l'an prochain pour Joseph-Arthur?

— C'est cela qui est fantastique avec Pierre Gauvreau, il y a une intrigue très amusante qui s'en vient la saison prochaine...

— Pouvez-vous m'en parler?

— Non! Je pense que ce serait préférable que je n'en parle pas. Si l'auteur choisit d'en parler, libre à lui...

— Et vous, vous aimeriez changer ou améliorer votre personnage de quelque façon que ce soit?

— Ah non! Je suis très privilégié car c'est un personnage merveilleux et je ne voudrais rien y changer.

— Avez-vous des points communs tous les deux?

— Pas nécessairement. Au début, c'était un personnage de composition et maintenant, évidemment, l'auteur écrit pour moi. Le personnage a sans doute changé un peu mais non, ce n'est pas moi du tout. J'ai accepté ce personnage et je le joue, mais je ne pense pas qu'il y ait de grandes affinités entre Pierre Dufresne et Joseph-Arthur, sauf que nous sommes dans les affaires tous les deux mais toute comparaison s'arrête là!

— Est-ce que ce fut une belle saison pour vous?

— Ah oui! Il faudrait être capricieux pour ne pas avoir apprécié car nous avons la plus grosse cote d'écoute de la télévision canadienne, ce qui englobe les cotes d'écoute de la télé anglaise aussi. Dieu sait qu'ils ont une population beaucoup plus importante que la nôtre, c'est incroyable! Quand ils m'ont interviewé au réseau anglais, ils m'ont demandé pourquoi cette émission était aussi populaire et je leur ai répondu que c'était très simple, c'est parce que c'est bon! C'est bien écrit, c'est bien interprété et c'est bien réalisé.

— C'est donc un succès d'équipe?

— Oui, car tous les comédiens qui font partie de l'émission sont de bons acteurs et, en plus, comme les textes sont excellents, c'est un plaisir de faire cela. Je dois dire aussi que nous sommes très chanceux d'avoir un réalisateur comme Yvon Trudel qui est très bon.

— Et les relations entre comédiens?

— Elles sont très bonnes. Nous nous entendons tous très bien, c'est comme une grande famille.

— Quelles sont vos impressions sur la saison?

— Je peux dire que ce fut une excellente saison comme j'en ai rarement vu et je peux prédire, par exemple, que l'an prochain ce sera encore plus populaire parce que j'ai lu les neuf ou dix premiers textes et ils sont encore meilleurs que ceux de cette année . . . c'est tout dire.

Toutes les personnes qui ont côtoyé Pierre ont été marquées par son charisme, par cette force qui se dégageait de lui dans les moments opportuns. Je vous livre quelques témoignages des gens qui l'ont connu de près et qui savaient à quel point sa mort représente une perte pour le théâtre québécois. Ces témoignages résument assez bien l'opinion qu'on se faisait de mon frère.

Ma sœur Louise,
à trois ans, et
mon frère Pierre,
à un an.

Ma mère tenant
son beau gros
bébé Pierre.

Louise et Pierre
s'amusant en hi-
ver.

Ils grandissent.

À Saint-François, Pierre, moi-même, ma mère et ma grande sœur Louise.

107

Mon père, qui fut à l'époque un célèbre chanteur d'opéra.

À New-Carlisle, ma mère, Pierre adolescent, tante Rose et oncle Arthur.

Pierre, jeune père de famille, et son fils Nicolas.

Pierre et sa première épouse, la jolie Hélène Houde.

Suzanne Laberge et Pierre furent unis durant 17 années.

Tranquillement, la maison prend forme.

La construction de sa maison dans les Laurentides en compagnie de son copain et voisin, M. Racine.

Une maison quasi terminée.

Deux des enfants de Pierre, Isabelle et Stéphane, entourant son épouse Marthe.

Pierre, Stéphane, la chienne Chimo et Marthe.

Me voici en compagnie de Marthe, la compagne de Pierre.

Pierre faisant du ski de fond.

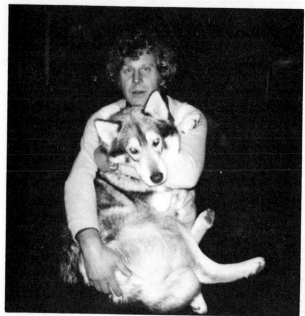

Pierre avait un faible pour ces magnifiques bêtes.

Le temps de se relaxer en compagnie de Marthe.

Deux copains de longue date, Pierre et Yvon Dufour.

Lors d'un anniversaire de Pierre, en compagnie de notre cousin le docteur Maurice Dufresne et de son épouse.

Les deux frères entourant notre nièce, Hélène Rudel-Tessier.

Une magnifique
photo souvenir.

Pierre posant fièrement devant le rocher Percé.

Pierre se détendant dans sa maison du nord.

Jeanne St-Amour, la compagne de Pierre, lors du décès de mon frère.

Un personnage aimé des enfants, Fardoche dans *Passe-Partout*.

Pierre aimait la vie et son sourire était sa marque de commerce.

Quelques instants de lecture avant de jouer une scène du *Temps d'une Paix*.

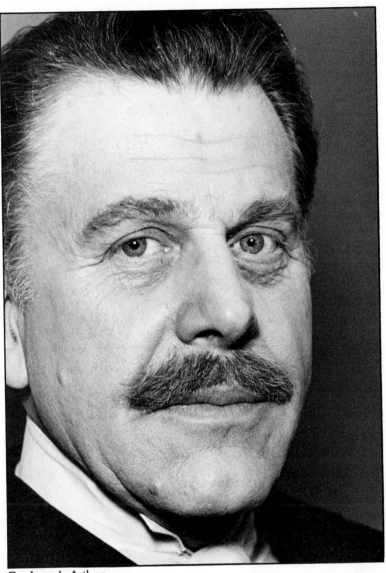

En Joseph-Arthur.

En compagnie de la journaliste Michelle Lemieux.

La dernière entrevue avant son attaque, en compagnie du directeur du *Lundi*, Denis Monette.

Une photo prise pour un reportage du *Magazine des Vedettes*.

Lors du repor-
tage avec Denis
Monette, Pierre
était plein de pro-
jets.

Joseph-Arthur a connu instantanément la faveur du public.

Une photo qu'aimait Pierre.

C'est le comédien Jean Besré qui succédera à Pierre pour interpréter le rôle de Joseph-Arthur.

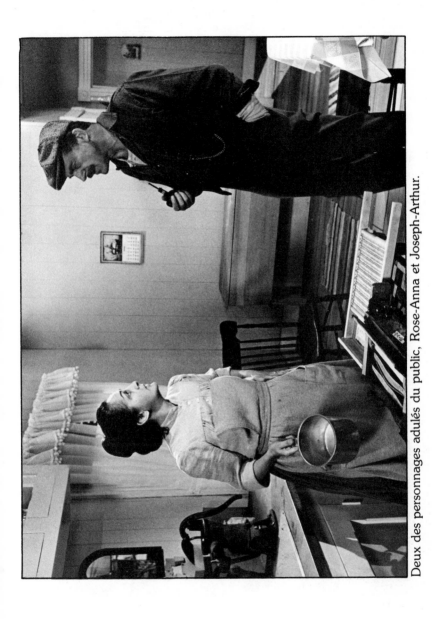

Deux des personnages adulés du public, Rose-Anna et Joseph-Arthur.

Le curé du *Temps d'une Paix*, Yvon Dufour, un vieux compagnon de route de Pierre.

Daniel Gadouas et Pierre.

Le *Temps d'une Paix* l'émission des Québécois.

Katerine Mousseau, Pierre, Nicole LeBlanc et Jacques L'Heureux.

Claude Prégent, Paul Dion et Pierre.

Yolande Vigeant, du magazine *La Semaine*, fut la dernière journaliste à rencontrer mon frère vivant pour une entrevue.

À l'automne de 1984, j'avais produit un microsillon du *Temps d'une Paix*, en compagnie de Pierre et de Nicole LeBlanc.

131

Sébastien Dhavernas a lu l'homélie lors des funérailles de Pierre.

L'auteur du *Temps d'une Paix*, le dramaturge Pierre Gauvreau.

Le réalisateur de la célèbre émission, Yvon Trudel.

Des centaines de curieux s'étaient massés dans l'église d'Outremont pour rendre un dernier hommage à Pierre Dufresne.

Lors de la cérémonie funèbre, en compagnie de Sébastien Dhavernas, de la compagne de Pierre, Jeanne St-Amour, et de ma sœur Louise.

Georges Carrère, Suzanne Laberge, Hélène Loiselle et le comédien Lionel Villeneuve.

TÉMOIGNAGES

Pierre Dufresne s'éteint à l'âge de 57 ans.
(Article de Robert Lévesque, dans *Le Devoir*, 1er novembre 1984)

Le comédien Pierre Dufresne est décédé hier, en fin d'après-midi, des suites d'une crise cardiaque qui l'avait terrassé le 16 octobre dernier. M. Dufresne est mort dans l'ambulance qui le transportait à l'hôpital.

Âgé de 57 ans, Pierre Dufresne, dont la carrière au théâtre et à la télévision avait pris son départ au milieu des années 50, était devenu ces dernières années l'un des comédiens les plus populaires du petit écran grâce à son personnage de Joseph-Arthur Lavoie dans la série *Le Temps d'une Paix*, le téléroman de Radio-Canada qui se maintient au sommet des cotes d'écoute avec ses deux millions d'auditeurs. À la suite de l'infarctus subi par le comédien le 16 octobre, à quelques jours de la diffusion de la première émission de la saison 84-85, Radio-Canada avait pris la décision d'annuler pour un an *Le Temps d'une Paix* tant le rôle de Pierre Dufresne était majeur dans ce téléroman de Pierre Gauvreau.

À Radio-Canada, hier, le réalisateur Yvon Trudel a déclaré qu'il ne savait pas ce qu'il adviendrait de l'émission après ce coup terrible (on avait annulé une saison parce que M. Dufresne était irremplaçable) et il a affirmé: "Nous allons réfléchir à l'avenir de ce téléroman." De son côté, la comédienne Nicole Leblanc (Rose-Anna du *Temps d'une Paix*) a déclaré: "Nous allons d'abord vivre notre peine et après nous verrons . . .", alors que la Presse Canadienne lui demandait ce qu'il adviendra de la populaire émission.

Pierre Dufresne a autant joué au théâtre qu'à la télévision où il avait débuté en janvier 1956 dans une comédie musicale d'Henri Deyglun, *La belle du Nord*, aux côtés de Janine Sutto et d'Ovila Légaré. On se souvient de lui et de son personnage de Marin dans la série *Cap-aux-sorciers*, à l'écran de Radio-Canada, et dans un grand nombre de téléthéâtres dont *Bilan*, de Marcel Dubé en 1960, *Blues pour un homme averti*, de Claude Jasmin en 1964, *Ta nuit est ma lumière*, de Robert Choquette en 1970, *Québec printemps 1918,* de Paul Hébert et Jean Provencher en 1975.

Du côté des téléromans, Pierre Dufresne a été de *Marie-Didace* et du *Survenant*, de Germaine Guèvremont (le rôle d'Ugène), de *Demain Dimanche*, d'Alec Pelletier, de *Filles d'Ève*, de Louis Morisset, de *La côte de sable*, de Dubé, et de *Rue des pignons*, de Mia Riddez. Récemment, Pierre Dufresne avait incarné au théâtre le personnage de Léopold dans la pièce de Michel Tremblay, *À toi pour toujours, ta Marie-Lou*, pour le Théâtre Populaire du Québec. Cette production, mise en scène par André Montmorency, avait connu un grand succès en tournée à travers le Québec. La comédienne Nicole Leblanc tenait le rôle de Marie-Lou à ses côtés.

Pierre Dufresne avait également joué Tremblay au Théâtre du Nouveau-Monde, lors de la création de *Sainte-Carmen de la Main* en 1978. À la compagnie Jean Duceppe, Pierre Dufresne avait joué la saison dernière dans la pièce de Paul Osborn, *Les petits Matins*. C'est un comédien des plus actifs (avec sa compagnie de l'Horloge il dirigeait trois théâtres d'été à Saint-Michel de Bellechasse, Sainte-Adèle et Saint-Charles-sur le Richelieu) que le Québec vient de perdre.

Adieu, Pierre Dufresne!
(André Rufiange, *Journal de Montréal,* 2 novembre 1984)

La mort subite de Pierre Dufresne comporte un avis pour ceux qui ont tendance, une fois passée la cinquantaine, à vouloir se mettre trop de charges sur le dos. À vouloir tout faire en même temps. Le cœur est un moteur dont le pire ennemi est le stress. Hélène Fontayne avait bien raison de déclarer, avant-hier: ''Dufresne: on aurait dit qu'il se croyait immortel.''

Veiller à la bonne marche d'un théâtre d'été, c'est déjà préoccupant. Or, Dufresne en avait trois. Tenir un rôle de premier plan dans une continuité hebdomadaire, c'est déjà essoufflant. Or, Dufresne en avait deux. De plus, il préparait déjà une mise en scène pour un théâtre qui ne lui appartenait même pas, le Félix-Leclerc. Il faisait beaucoup d'annonces publicitaires (elles ne durent que 60 secondes, mais on met souvent plus de 15 heures à les tourner). Il se permettait de jouer au cinéma, il était de presque toutes les premières. Il devait passer de longues heures par semaine avec son comptable-administrateur, car il avait 62 employés sous sa juridiction. Il venait de graver un microsillon où il récitait et chantait, et il trouvait encore le moyen d'aller jouer au tennis plusieurs fois par semaine. Trop, c'est trop! Bien sûr, la disparition inattendue de Pierre Dufresne a semé la panique dans l'équipe de production de *Le Temps d'une Paix* le téléroman le plus populaire au Canada français. Secoué par l'émotion, on a vite envisagé la possibilité que le petit chef-d'œuvre de Pierre Gauvreau ne revienne jamais plus au petit écran. Mettons cela sur le compte de la surprise, de l'étonnement, de la fidélité et soyons logiques. Regardons les choses en face. Aucun acteur au monde n'est irremplaçable.

Au cinéma américain, il y a eu cinq "Tarzan" différents et la popularité des films n'a pas chuté... À la télé de l'oncle Sam, il y a eu deux "James Bond" qui n'avaient pas la même gueule et le succès de la série ne s'est jamais démenti... Il s'agit d'attendre un peu puis de recommencer avec un autre acteur. Cruel, dire cela en pareilles circonstances? Oui, certes. Mais c'est ainsi.

Vous vous souvenez des *Belles Histoires*, le téléroman de Claude-Henri Grignon? Le rôle d'Alexis, un personnage-vedette de la série, et l'un des plus aimés, était tenu par Gabriel Gascon. Or, un jour, Gascon a décidé d'aller faire carrière en Europe, abandonnant ainsi son rôle d'Alexis. Situation difficile pour le réalisateur Florent Forget et pour l'auteur Grignon... Comment remplacer Alexis? Ils ont alors opté pour l'acteur Guy Provost et ce dernier, après

143

deux ou trois petites semaines d'émissions, avait déjà réussi à faire oublier Gabriel Gascon dans le rôle d'Alexis. Le public s'adapte vite, vous savez! C'est pourquoi je dis qu'une fois l'émotion passée — une réaction très compréhensible —, l'auteur et le réalisateur du *Temps d'une Paix* conviendront que la série télévisée doit se poursuivre, coûte que coûte.

On trouvera un nouvel interprète, voilà tout. On trouvera un nouveau Joseph-Arthur . . . Ce ne sera pas facile? D'accord. Mais rien n'est facile dans ce monde de la création . . . On pourrait même supprimer le rôle tout simplement! Pourquoi Joseph-Arthur ne mourrait-il pas dans un incendie, lors de la première émission de l'automne 1985? Enfin, bref, l'auteur a plein de moyens de s'en sortir. Je fais confiance à son imagination . . . Chose certaine, le téléroman survivra.

(Article de la journaliste Louise Cousineau, *La Presse*, 1er novembre 1984)

Le comédien Pierre Dufresne, l'interprète du rôle de Joseph-Arthur Lavoie dans le téléroman *Le Temps d'une Paix*, est mort subitement hier vers 16 heures, à son domicile. M. Dufresne était en convalescence à la suite d'un infarctus subi il y a deux semaines alors qu'il jouait au tennis. Hier après-midi, son frère Yvan lui avait rendu visite. Lorsqu'il l'a quitté à 14h30, Pierre Dufresne était en pleine forme et avait seulement les yeux un peu rouges. Il était âgé de 57 ans. (. . .)

Pierre Dufresne avait obtenu son congé de la Cité de la santé de Laval samedi et était rentré chez lui.

Sa sœur Louise, Mme Jean Rudel-Tessier, a déclaré à *La Presse* hier que son frère se sentait en forme et qu'il lui avait dit, avant-hier: "Je reste tranquille parce que les médecins me l'ordonnent. Mais je me sens très bien." Mme Rudel-Tessier était encore sous le choc de la terrible nouvelle et ne parvenait pas à y croire.

D'ailleurs, hier, lorsque son frère Yvan, qui est producteur de disques, lui a rendu visite, Pierre Dufresne faisait des projets. Il envisageait, pour février ou mars, de reprendre à Montréal sa pièce *Le Charimari* jouée au théâtre Molson de Saint-Charles sur Richelieu l'été dernier.

Il pensait également à un disque de son personnage Fardoche de la populaire série pour enfants *Passe-Partout*. Et il rêvait de ses vacances du 22 décembre au Club Med de la Martinique. "Ça sera parfait pour finir ma convalescence", a-t-il dit à son frère. Il devait retourner à l'hôpital le 15 novembre pour des examens. Pierre Dufresne était solide comme un chêne: il n'avait jamais été malade auparavant et il travaillait énormément. Cet infarctus l'avait surpris. Les médecins lui ont interdit de fumer: le comédien avait obéi et n'avait pas touché à une cigarette depuis son hospitalisation.

S'il avait cessé de travailler, il n'avait pas pu résister toutefois à accorder des entrevues à la radio et la télévision. À son frère Yvan qui lui reprochait de trop en faire, Pierre avait répondu: "Ça ne me fatigue pas. Ils m'appellent et ça me distrait."

À l'émission *Le Point* la semaine dernière, Pierre Dufresne avait notamment déclaré: "J'ai 62 employés, je ne peux pas m'arrêter de travailler."

Son personnage de J.A. Lavoie du *Temps d'une Paix* soupirait depuis quatre ans après Rose-Anna St-Cyr, et Pierre Dufresne a dit au *Point*: "J.A. Lavoie a fait une crise de cœur, moi j'ai fait un infarctus."

L'infarctus de Pierre Dufresne, il y a deux semaines, avait semé la consternation à Radio-Canada. Le directeur des dramatiques, M. Richard Martin, avait finalement tranché: *Le Temps d'une Paix* était annulé pour cette saison. Le personnage de Joseph-Arthur était trop identifié à Pierre Dufresne pour qu'on change de comédien.

De plus, les scènes extérieures avaient toutes été tournées cet été dans le comté de Charlevoix, avec Pierre Dufresne. Il était impensable de voir Pierre Dufresne sur le perron et un autre comédien à l'intérieur de la maison. Les scènes intérieures étant tournées l'automne et l'hiver dans les studios de Radio-Canada.

Mais pour consoler les deux millions de fidèles du *Temps d'une Paix*, Radio-Canada avait annoncé que, l'an prochain, la série serait servie en tranches d'une heure. Et qu'au lieu de 13 épisodes, il y en aurait 20.

Aujourd'hui, le tournage du *Temps d'une Paix* qui devait avoir lieu à Radio-Canada a été annulé, les comédiens et le réalisateur Yvon Trudel étant trop secoués par l'annonce de la nouvelle de la mort du comédien.

PRESSE CANADIENNE

"Les camarades de Dufresne sont atter-rés." (Paul Hébert)

Paul Hébert, qui incarne le rôle de Siméon Desrosiers dans *Le Temps d'une Paix*, était profondément bouleversé, hier soir, par la mort de son ami Pierre Dufresne. Rejoint au Grand Théâtre de Québec, où il répète actuellement *Don Quichotte*, Paul Hébert a souligné que la disparition soudaine de Pierre Dufresne l'avait fait réfléchir.

"On se sent solidaire dans notre condition de comédien pigiste, a-t-il dit. C'est un homme qui s'est donné énormément. Il donnait l'image d'un homme très fort et on est porté à ce moment-là à demander beaucoup d'un comédien, et à se demander beaucoup. J'ai en tête cette image: on fait des tours de pistes, des tours de pistes, on en fait un de trop. Mais comment s'arrêter quand le public est toujours là.''

"Je garde un souvenir de Pierre, un fait que je ne pourrai jamais oublier. Il y a deux ans, il jouait deux représentations le samedi au théâtre de Sainte-Adèle et, en fin de soirée, il prenait la route en auto et était présent à 7h le lendemain matin dans la loge de la maquilleuse à . . . Pointe-au-Pic. Et cela il l'a fait cinq ou six fois.''

Yvon Dufour, frappé par la maladie le printemps dernier et encore patiellement paralysé, était ébranlé par la perte de son vieil ami. "Ce que je ressens, a-t-il dit, c'est le vide. Une grande amitié et un grand vide. Vous savez, on se voyait régulièrement. Chaque semaine, depuis le début de ma maladie, il me téléphonait à la maison. Je voudrais vous en parler davantage, mais je suis trop ému.''

Sophie Clément fut la première comédienne à jouer un premier rôle au théâtre aux côtés de Pierre Dufresne. Elle lui donnait la réplique, l'été dernier, dans *Le Charimari* au théâtre Molson. Elle refusait, hier soir, de considérer le départ de Pierre Dufresne comme un fait réel.

Je lui ai parlé samedi. J'avais l'impression qu'il était bien. Vous l'avez vu à la télévision la semaine dernière. Il avait l'air de quelqu'un qui remonterait rapidement la pente. Je devais le voir cette semaine, chez lui, avec deux autres comédiens. Il m'avait dit au téléphone: fais comme dans le Petit Prince, téléphone-moi avant ton départ pour que j'aie le plaisir de t'attendre. Je suis si triste. Triste comme le sont tous les comédiens avec qui j'ai parlé ce soir de cette grande disparition.''

Sébastien Dhavernas (Raoul Savary dans *Le Temps d'une Paix*) collaborait étroitement avec Pierre Dufresne au sein des Productions de l'Horloge. Dhavernas a signé plusieurs mises en scène pour Pierre Dufresne au théâtre d'été.

Il m'a téléphoné quelques fois cette semaine. Il s'inquiétait pour la compagnie. Il cherchait encore à résoudre des problèmes. Je perds un grand ami, quelqu'un de très proche. Le premier rôle que j'ai joué après ma sortie du conservatoire, je l'ai joué avec lui, dans une production anglaise à Radio-Canada. Il tenait le rôle de mon père. Il y a dix ans de cela. Depuis, nous avons fréquemment travaillé ensemble. J'avais beaucoup d'admiration pour lui. J'admirais ce don qu'il avait de charmer tous ceux qui l'approchaient, hommes et femmes. Il s'est trop donné. Il a vécu d'une manière extrêmement intense.

Le réalisateur du *Temps d'une Paix*, Yvon Trudel, qui avait vu Pierre Dufresne jeudi dernier, l'avait trouvé "très bien dans les circonstances".

"Sans le connaître intimement, je peux dire que nous étions des amis dans nos relations de travail. Il travaillait tellement bien et il était de bonne humeur 52 semaines par année", dit M. Trudel.

De son côté, le comédien Jacques l'Heureux avait l'occasion de jouer deux séries télévisées aux côtés de Pierre Dufresne. Il était Valérien dans *Le Temps d'une Paix* et Passe-Montagne dans *Passe-Partout*.

"Il semblait aller mieux, nous ne nous y attendions pas du tout, a dit l'Heureux bouleversé. Nous étions très près l'un de l'autre, Pierre était comme un père pour moi."

Marie Eykel (Passe-Partout) a été "estoma-
quée" en apprenant la nouvelle. Ça m'a fait le
même effet de surprise que lorsque quelqu'un
meurt dans un accident... Au travail, il était en
meilleure forme que bien des jeunes de 20 ans.
Jamais il ne se plaignait, j'ai peine à le croire."

(Extrait d'un article de Raymond Bernatchez,
La Presse 1ᵉʳ *novembre 1984)*
   Jointe par *La Presse* hier, la comédienne
Nicole Leblanc, l'interprète de Rose-Anna dans
Le Temps d'une Paix, n'a pu dire qu'une chose:
"Je l'aimais." Puis elle a éclaté en sanglots. Plus
tard dans la soirée, elle a rappelé. Pour raconter.
Nicole Leblanc connaissait Pierre Dufresne
avant le début du *Temps d'une Paix* il y a quatre
ans, mais c'est lorsque le tournage du téléroman
de Pierre Gauvreau a commencé qu'ils sont
devenus copains.
   "Je pense, dit-elle, que dans une vie anté-
rieure, nous devions être frère et sœur. Nous
nous comprenions à demi-mots. Nous ne nous
voyions pas pendant des grands bouts de
temps, mais lorsque nous nous retrouvions,
nous retombions dans cette amitié comme si
nous ne nous étions jamais quittés. C'était mon
grand chum. C'est le premier été, alors que
nous tournions des extérieurs dans un champ

151

dans Charlevoix, que j'ai découvert son côté tendre. Il m'est arrivé avec une petite bébite verte sur le doigt. Une bébite aux ailes transparentes. Il m'a dit: "Regarde comme c'est beau!"

"C'est là qu'il m'a charmée, dit Nicole Leblanc. Il adorait le tournage dans Charlevoix, parce qu'on était dans une belle nature. Il s'arrêtait, regardait et s'émerveillait."

Nicole Leblanc ne peut même pas imaginer qu'un autre comédien prendra la place de Pierre Dufresne dans le rôle de Joseph-Arthur Lavoie. "Pas maintenant. Je ne veux pas penser à ça. Là, j'ai ma peine à vivre. Après, on verra."

Si la diffusion du téléroman *Le Temps d'une Paix* a été annulée cette année et reportée à septembre prochain, c'est qu'on ne voulait pas remplacer Pierre Dufresne dans le rôle masculin principal du téléroman. Il faudra maintenant choisir un nouveau comédien. Radio-Canada envisage-t-elle de reconsidérer sa décision de remettre son téléroman le plus populaire à la saison prochaine?

Hier, le directeur du service des dramatiques, M. Richard Martin, qui venait juste d'apprendre la nouvelle de la mort de Pierre Dufresne, n'était pas en état de penser à l'avenir. Il avait du chagrin: "C'est qu'on croyait tous que le pire était passé et qu'il était sur le chemin de la guérison. Je ne veux pas croire qu'il est parti comme ça! J'aimais Pierre Dufresne. Je m'entendais bien avec lui. En plus d'être un grand comédien, c'était un homme sincère''.

Gérard Poirier, pour sa part, ne put retenir ses émotions et s'exclama d'un ton profondément attristé qu'il venait de perdre un grand ami, un des plus grands, un ami des plus sincères.

"Pierre Dufresne nous laisse aujourd'hui avec d'excellents souvenirs. Nous aurions, par contre, aimé continuer de partager une si tendre amitié'', assura-t-il.

(Publications Domaines, novembre 1984)

Jean Lajeunesse interviewé à la suite du décès de Pierre Dufresne déclare: "Je suis vraiment atterré de la nouvelle de sa mort. Je l'ai connu surtout alors qu'il jouait dans la série *Grand-Papa*. Il incarnait un de mes fils. C'était un être de grand talent, jovial, très professionnel et toujours prêt à aider les autres.''

(Publications Domaines, novembre 1984)

Mme Suzanne Lapointe déclarait à la suite de l'annonce de cette triste nouvelle qu'elle ne désirait même pas parler de ce malheureux événement, qu'elle ne voulait pas commenter pareil malheur. C'est la gorge serrée par l'émotion qu'elle faisait ce commentaire.

(Publications Domaine, novembre 1984)

PIERRE DUFRESNE DANS LA PAIX ÉTERNELLE

Des funérailles chargées d'émotion pour le héros du *Temps d'une Paix.*

"Pierre avait un don très rare: il savait développer des relations à la fois uniques et authentiques avec chaque être humain avec qui il entrait en contact, quelles que soient la durée et la profondeur de ce contact. Pierre savait reconnaître la spécificité de chacun. Avec lui, pas de faux-fuyants, de formules toutes faites, de fausses rencontres."

C'est Sébastien Dhavernas (Raoul Savary dans *Le Temps d'une Paix*) qui a pris la parole au nom de tous les camarades de travail de Pierre Dufresne, aux funérailles du comédien, hier matin à l'église Saint-Germain d'Outremont. M. Dufresne semblait se remettre d'un infarctus survenu deux semaines plus tôt quand il est décédé, mercredi, à l'âge de 57 ans.

Hier matin, un demi-millier de personnes assistaient à ses funérailles. Il y avait là sa femme, Jeanne, ses enfants Stéphane, Isabelle et Nicolas, âgés de 23, 21 et 19 ans, plusieurs représentants de la colonie artistique québécoise et nombre d'admirateurs venus rendre un dernier hommage à Joseph-Arthur Lavoie, personnage qu'incarnait Pierre Dufresne dans *Le Temps d'une Paix*, le téléroman québécois le plus populaire, avec ses deux millions et demi de téléspectateurs.

Très peu d'enfants, cependant, en dépit du fait que Fardoche, le compagnon de Passe-Partout, Passe-Carreau et Passe-Montagne, était connu de tous les enfants du Québec.

Les trois autres comédiens de la célèbre émission pour enfants, Marie Eykel, Claire Pimparé et Jacques l'Heureux y étaient, eux, de même que toute l'équipe du *Temps d'une Paix*, et certains n'arrivaient pas à contenir leur émotion. À la sortie de l'église, notamment, plusieurs personnes ont fondu en larmes.

Sébastien Dhavernas a avoué qu'il n'était pas facile de faire l'éloge funèbre d'un homme de la qualité de Pierre Dufresne: "Depuis 48 heures, avec ma camarade Nicole Leblanc, nous avons tenté de mettre sur papier ce que nous ressentions, ce que Pierre était pour nous.

155

Et plus nous y réfléchissions, plus cette tâche nous apparaissait pratiquement impossible... "Il y aurait tellement à dire que quand bien même nous dirions presque tout, il se trouverait quelqu'un, quelque part, un parent, un ami, un camarade de travail, qui ne reconnaîtrait pas encore ce Pierre Dufresne dont on lui parle, quelqu'un qui aurait quelque chose à ajouter, une anecdote à raconter, une autre facette à nous faire découvrir, car Pierre avait un don, un don rare qui constituait en même temps sa force et son approche de la vie: Je m'explique sur ce don: c'est tout simplement qu'il s'était développée une relation à la fois unique et authentique avec chaque être humain avec lequel il entrait en contact, quelles que soient la durée et la profondeur de ce contact. Pierre savait reconnaître la spécificité de chacun. Avec lui pas de faux-fuyant, de formule toute faite ou de fausse rencontre. Nous ici, ce matin, qui l'avons connu, qui l'avons aimé, nous avons cela en commun. C'est pourquoi le plus bel hommage que nous puissions lui rendre est de nous lever et d'observer tous ensemble une minute de silence pendant laquelle chacun à notre manière, dans nos mots à nous, avec nos souvenirs de cette relation unique et particulière nous dirons une dernière fois à Pierre combien nous l'aimions, et pour que ce franc courant d'amour lui parvienne, où qu'il soit, afin que nous sortions d'ici ce matin, non pas avec un vide plein de douleur, mais une fois de plus réchauffés par cette *intensité*, cette *joie de vivre* et cette *chaleur* qu'il apportait à chaque instant de sa vie à chacun d'entre nous...

Plus tôt, le curé de la paroisse, le père André Legault, avait salué "les croyants et les non-croyants" rassemblés avec lui, bouleversés par la disparition subite d'un être cher, un époux, un père, un frère, un ami, un camarade de travail valeureux et estimé et un comédien de grand talent".

Le prêtre a terminé ainsi son homélie: "Nous avons confiance et espérance qu'au terme de notre vie nous attend un père qui nous accueillera dans sa joie, non seulement pour le temps d'une paix, mais pour la paix éternelle. Amen."

(article de Paul Roy, La Presse, 4 novembre 1984)

UN MOT D'ANDRÉ MONTMORENCY

Je ne pouvais pas passer sous silence le vibrant hommage que lui a rendu André Montmorency, quelques jours après sa mort et juste avant la présentation de *À toi pour toujours, ta Marie-Lou*, de Michel Tremblay, à la télévision.

C'est un texte chargé d'émotion et d'amitié.

Pierre, je t'ai écrit une lettre que j'aimerais te lire le plus calmement possible malgré les circonstances.

Cher Pierre, je suis en retard sur tout le monde pour y aller de mon petit hommage, mais il y a eu, depuis l'annonce terrible de ta mort subite, un petit coin de moi qui souriait paisiblement!

Tout acteur est né pour triompher! Molière est même allé jusqu'à mourir sur scène et on en parle encore aujourd'hui. Toi aussi tu resteras à jamais dans les annales théâtrales du Québec à cause de cet adorable Joseph-Arthur, bien sûr, dont nous sommes tous tombés amoureux, mais aussi à cause de Léopold. Car ce soir on te verra dans le plus beau rôle de ta carrière et je te promets que ton vœu sera réalisé: tout le Québec sera accroché à tes paroles, à ton regard, à ta respiration et à la détresse de ce Léopold, pour te rendre un dernier hommage.

J'ai fait partie un peu de ta vie pendant deux ans, puisque l'aventure de *À toi pour toujours, ta Marie-Lou,* a été longue et riche en émotions. Je me rappelle, lors d'une répétition de novembre 1983, avoir dit aux acteurs que jamais je n'avais été aussi heureux. Il y a, bien sûr, les présences de Nicole, Louise et Danièle qui ont été très importantes pour moi, dans ce moment de bonheur, mais avec le recul, je crois que tu y avais été pour beaucoup!

Je n'ai jamais eu beaucoup de contact émotif avec les hommes acteurs, ma complicité s'établissant toujours avec les comédiennes d'abord. J'ai clamé partout que l'acteur québécois se met plus difficilement à nu, refuse souvent de dévoiler ses faiblesses, ses émotions. Mais il y avait dans ce métier une exception, un enfant de 56 ans à l'époque, un être fragile, hypersensible, indiscipliné parfois qui se mettait à chanter au mauvais moment, à rire au mauvais moment et que j'ai eu envie de mettre en pénitence, dans un coin, à plusieurs reprises. Il y avait aussi l'homme, l'acteur qui pour servir un rôle, un texte, un auteur, un metteur en scène s'arrêtait, écoutait, et acceptait, non sans difficulté, de fouiller dans des souvenirs que tout être normal aurait préféré garder enfouis, pour arriver à épouser la détresse et l'angoisse de son personnage.

Tu m'auras apporté un de mes plus grands bonheur de metteur en scène. Je me reverrai toute ma vie, assis par terre à tes côtés, dans l'ancien studio 40 de Radio-Canada, foyer d'émotions, en train de te parler de la solitude, de la mort, de l'impossibilité de vivre de Léopold, pendant qu'une caméra, en gros plan sur toi, filmait tes réactions. Je revois ton œil affolé, tes larmes couler. Je réentends le silence qui s'installe sur le plateau, les techniciens émus, bouleversés par ce gros ours, tout à coup blessé à vif, qui accepte de le montrer, à ses chums de taverne sans aucune pudeur ni retenue.

Ce soir, Pierre, tous les hommes de cette maudite province, qui refusent de crier leur douleur refoulée, seront là à t'écouter, à te regarder et enfin, à l'unisson, le Québec aura changé. Pendant quelques secondes, tu permettras à des millions de personnes de libérer des émotions longtemps retenues inutilement, et tu ne seras pas disparu pour rien!... Beaucoup d'hommes se reconnaîtront en Léopold, et auront peut-être le courage, par la suite, de parler enfin... et ce sera grâce à toi. Merci, Pierre, de cette grande générosité! Et adieu.

SA DERNIÈRE ENTREVUE

L'entrevue qui suit est la dernière que Pierre a accordée à Jacques Matti et Hélène Fontayne dans le cadre de leur populaire émission: *La Belle et la Bête*, à CKVL.

Cette entrevue fut enregistrée deux ou trois heures avant sa mort. Il y raconte ses problèmes, ses espoirs et son goût de vivre.

En écoutant la bande sonore, je n'ai pu m'empêcher de penser à l'ampoule électrique qui a un dernier éclat de lumière avant de s'éteindre.

Le ton de sa voix est celui d'un homme qui semble en très grande forme et rien ne laisse présager qu'il a fait un arrêt cardiaque et que, dans quelques heures, il nous aura quittés pour un monde meilleur, pour le temps d'une paix éternelle . . .

H. Fontayne: Nous avons un grand ami, que nous aimons bien, que le public aime bien, que l'on connaît bien, un grand comédien qui a été malade dernièrement, qui venait de nous visiter il y a à peu près 15 jours, c'est Pierre Dufresne, bonjour!

P. Dufresne: Bonjour.

J. Matti: Bonjour, Pierre.

P. Dufresne: Comment ça va?

J. Matti: C'est à vous que l'on demande ça, comment ça va maintenant?

P. Dufresne: (Éclat de rire)

H. Fontayne: Avez-vous fini de nous faire des peurs, vous?

P. Dufresne: Bien oui! Je vais vous répondre bien honnêtement; ça va bien, ça va même très bien!

J. Matti: Bon!

P. Dufresne: C'est très embêtant ce qui m'arrive. J'ai fait un infarctus très sévère. J'aurais pu mourir si je n'avais pas été assez chanceux pour être à l'hôpital au moment ou ça m'est arrivé. Mais depuis que c'est arrivé, je me sens dans une condition physique extraordinaire, je me sens bien, j'ai mal nul part, j'ai le goût de courir, pis tout ça. Évidemment je me suis retenu au moins 12 semaines, à peu près, à ne rien faire, et ça je trouve ça extrêmement difficile.

J. Matti: C'est dur, hein!

H. Fontayne: Oui, surtout vous, qui n'avez jamais lâché.

P. Dufresne: Oui, c'est la première fois de ma vie que je suis malade, et c'est un petit peu difficile à accepter.

J. Matti: Plus de framboisier?

P. Dufresne: C'est-à-dire que les framboisiers, là, disons que le médecin m'a dit de mettre ça de côté encore un peu. (rire) Ça non plus ce n'est pas facile.

H. Fontayne: Pierre Dufresne, comment avez-vous ressenti les premiers symptômes? Qu'est-ce qui vous est arrivé? Racontez-nous ça.

P. Dufresne: O.K. Je vais vous raconter. Ce jour-là, j'avais fait une journée tout à fait normale. J'avais fait un enregistrement à Son-Québec, le matin. J'avais fait une répétition pour *Le Temps d'une Paix*, puis, il devait être 10h30 le matin. J'ai pris un bon petit déjeuner parce que, à 1h, je rencontrais un ami à moi, qui est un joueur de tennis. On devait se pratiquer pour un tournoi de tennis qui devait avoir lieu vers le 15 à la fin de novembre. Je ne me souviens plus. Donc notre rendez-vous de tennis était à une heure. Alors je me suis présenté, puis, bon à 1h moins 10, on s'est mis à taper des balles, et tout, et un moment j'ai eu comme . . .

J. Matti: Un pincement?

P. Dufresne: Oui, si vous voulez, un pincement mais c'était pas tout à fait ça. C'est difficile à expliquer. Comme une pression en plein centre de la poitrine.

H. Fontayne: Oui.

P. Dufresne: J'avais jamais connu ça avant. Vous savez peut-être que ma femme est médecin. Qu'elle reçoit tous les jours, évidemment, un paquet de brochures et de livres qui sont envoyés par les compagnies pharmaceutiques, pour leur vendre des produits (rire de Pierre). Il y a toujours des articles extrêmement intéressants là-dedans. Il y a quelque temps, j'étais tombé sur un article parlant d'infarctus. On rappelait les signes de l'infarctus, ce qu'il fallait faire alors et ce qu'il ne fallait pas faire. J'avais lu ça rapidement et, entre autres, il avait été question de cette boule-là qu'on ressentait au centre. Alors je me suis dit: Merde, c'est pas possible que je fasse un infarctus, moi, tu sais (éclat de rire)...

H. Fontayne: On pense toujours que ça n'arrive qu'aux autres.

P. Dufresne: Je me sentais tellement immortel. Alors j'ai demandé qu'on arrête de jouer. Je suis allé me reposer un peu dans le salon, mais la douleur ne passait pas, ça augmentait. Alors j'ai dit à mon ami André Lemaire, je pense que je devrais aller à l'hôpital, j'ai l'impression que je fais un infarctus.

H. Fontayne: Comme ça?

P. Dufresne: Je n'étais pas sérieux... On a sauté dans la voiture et à mesure que nous roulions, je me rendais compte que c'était de plus en plus sérieux...

J. Matti: Oui!

P. Dufresne: Et en arrivant à l'hôpital, on m'a mis sur une civière, tout de suite. Je suis allé à l'urgence, et c'est à ce moment-là, après quelques minutes, que j'ai fait un arrêt cardiaque. On a dû se servir de la ''patente électrique'' et me masser le cœur et tout. Puis ça s'est déroulé très bien. Et comme j'étais un homme physiquement en très grande forme, que je ne fais pas de cholestérol, ni d'hypertension, ni de diabète, le seul bobo que j'avais, c'était que j'étais un fumeur, depuis l'âge de 14 ans que je fumais à peu près 25 à 30 cigarettes par jour.

H. Fontayne: Oh!

P. Dufresne: Et c'est la raison pour laquelle j'ai fait cet infarctus.

H. Fontayne: Inutile de vous demander si vous allez cesser de fumer!

P. Dufresne: Ah bien! Évidemment, je veux dire (rire de Pierre) et sans difficulté aucune.

H. Fontayne: Vous savez ça rejoint exactement ce que Monsieur Matti a traversé. Son chirurgien, après l'opération lui a dit: "Tu peux tout te permettre, sauf de fumer. Je ne pourrai pas te sauver deux fois."

P. Dufresne: De toute façon, moi, fumer ça ne me dit plus rien. Je ne peux pas dire que c'est difficile d'arrêter de fumer lorsque on a un avertissement comme celui-là.

J. Matti: Exactement!

P. Dufresne: Fumer ça ne me dérange pas. Il y en a qui viennent chez moi, qui me fument en pleine face . . . je les regarde et je me dis: Ces pauvres êtres (rire). Ils sont stupides (éclat de rire).

H. Fontayne: Et voilà. Il faut que ça nous arrive à nous pour en prendre conscience. Je suis contente que vous le disiez au grand public. Peut-être que vous allez sauver des vies en disant ceci, aujourd'hui, en ondes?

P. Dufresne: Oui, et je dois dire que si j'avais compris ça plus tôt, ça ne me serait jamais arrivé. Vous savez à quel point je suis en bonne condition physique. J'ai mal nulle part, je suis en pleine forme. Actuellement, je suis étendu dans mon lit et je me demande pourquoi? Je voudrais sauter au bas du lit et courir tellement je me sens bien.

J. Matti: Oui, Pierre, mais qu'est-ce que vous allez faire pendant ces 12 semaines?

P. Dufresne: Qu'est-ce que je fais présentement? C'est que j'écris beaucoup. J'écris à mes amis. Je leur dis que je les aime. Je leur dis aussi des petites choses que j'avais envie de leur dire depuis longtemps, que je n'ai pas dites. Je lis beaucoup. J'écoute un peu la radio, je vous écoute souvent, vous me faites bien rire (rire) . . .

H. Fontayne: C'est gentil.

P. Dufresne: Donc ça aide, voyez!

J. Matti: Ça aide!

P. Dufresne: Oui, on est pas si inutiles que ça, dans le fond.

J. Matti: Mais oui.

H. Fontayne: Vous nous avez parlé de 12 mois de repos. Est-ce que l'on a bien compris?

P. Dufresne: Non non non . . . 12 semaines.

J. Matti: Donc j'avais raison!

H. Fontayne: Oui, c'est moi qui fais erreur. C'est déjà bien assez long, hein!

P. Dufresne: Ah mon Dieu . . .

H. Fontayne: Qu'allez-vous faire? . . . Est-ce que vous avez des dons pour la peinture, par exemple?

P. Dufresne: Quand j'étais plus jeune, j'avais songé, pas à devenir un peintre, mais à faire un peu de peinture. J'avais acheté tout ce qu'il fallait pour ça. J'ai effectivement tout ce qu'il faut pour faire de la peinture et cette question-là arrive justement. Je n'y avais pas pensé mais maintenant vous me donner le goût. Peut-être que je vais sortir ça et que je vais me mettre à griffonner des choses.

H. Fontayne: Bien, savez-vous, Monsieur Dufresne, si vous vous mettez à peindre, votre premier tableau, je vous l'achète.

P. Dufresne: Ah! mais non, je vous le donnerai.

H. Fontayne: Ah bien non! non, non

P. Dufresne: Je n'ai jamais vendu ça (éclat de rire)...

H. Fontayne: En tout cas, on va vous souhaiter une bonne convalescence. Prenez toujours bien soin de vous, et soyez patient.

P. Dufresne: Ce qui est difficile, c'est d'arriver à ne rien faire. Comme moi, j'étais très actif, j'avais un tas de choses. Heureusement, je suis bien secondé parce que, pour ce qui est du travail, c'est merveilleux, ce que Radio-Canada a fait. Bon, on va enregistrer toutes les émissions tranquillement, puis on va les passer l'an prochain, en émissions d'une heure au lieu de demi-heures. Ce qui fait que tous mes camarades ne seront pas privés de travail. Ils continuent à travailler puis moi, aussitôt que je serai prêt, bien je veux dire, je vais faire les enregistrements au fur et à mesure, et reprendre le temps perdu. Donc Radio-Canada, je pense bien que c'est la première fois qu'elle fait ça. J'en suis extrêmement flatté. Ça veut dire que c'était donc très important pour l'émission, d'une part, ensuite, je pense qu'au point de vue humanitaire, c'est bien de faire ça. Sinon, bien, j'aurais été en position financière peut-être difficile, aussi.

H. Fontayne: Oui, c'est sûr.

P. Dufresne: Ça m'évite cette difficulté-là. Je n'ai pas à me préoccuper de ce côté-là.

H. Fontayne: Monsieur Dufresne, est-ce que vous avez des nouvelles de votre copain, Monsieur Dufour?

P. Dufresne: Oui, j'en ai eues.

H. Fontayne: Et il va bien?

P. Dufresne: Yvon m'a téléphoné il y a quelques jours, pour me dire qu'il avait beaucoup pleuré quand il a appris que j'avais fait cet infarctus. Mais je l'ai tout de suite rassuré en disant: "Ce que j'ai, mon vieux, c'est pas comme toi. o.k. J'aurais pu mourir." Effectivement, pendant quelques instants, je suis mort. Mon cœur a cessé de battre, mais, quand il a repris, il s'est remis à battre normalement. Mon cœur, c'est un muscle. J'ai un bout de mon muscle qui est mort, qui est en train de se cicatriser. Quand tout ça sera fait, je vais avoir repris, d'après les médecins, le cardialogue, entre 90 et 95 p. cent de mes possibilités. Donc c'est extraordinaire! Il y en a qui sont foutus après un arrêt cardiaque comme le mien. Il y a un monsieur, par exemple, qui est arrivé à peu près en même temps que moi, qui est un cultivateur, lui. Il a perdu 80 p. cent de ses possibilités, pour le restant de sa vie. Tout ce qu'il peut faire, cet homme-là, c'est de regarder dehors sa terre en train de se gaspiller.

H. Fontayne: C'est terrible!

P. Dufresne: Ça, c'est épouvantable! Donc je vous le dis, je suis chanceux de pouvoir espérer revenir à peu près à ce que j'étais avant, et peut-être mieux, parce que là, je ne fumerai plus. Je vais donc faire plus attention. Je vais retrouver ma forme physique, tranquillement, en faisant des exercices, pour reprendre tout ça. Je veux me remettre au tennis, je vais pouvoir continuer à vivre, je vais pouvoir reprendre mon travail, mieux doser.

H. Fontayne: Voilà!

P. Dufresne: Ça m'aura servi à apprendre à vivre encore mieux, cette affaire-là!

H. Fontayne: Comme M. Matti, vous avez mis les bouchées doubles un peu trop souvent.

P. Dufresne: Je ne suis pas sûr de ça. Il y a des gens qui disent: ''C'est de ta maudite faute, tu travaillais ben trop!'' J'y crois pas à ça.

H. Fontayne: Non?

P. Dufresne: Moi, je ne peux pas croire à ça.

Travailler ça ne tue personne. Peut-être que si on se fait des soucis et si on vit dans les soucis par-dessus la tête, on est stressé. Mais c'était pas mon cas. Je n'étais pas un homme stressé. Mon métier d'acteur va bien. Les affaires que j'ai entreprises vont bien. Il y a des choses qui vont moins bien, mais ça c'est normal. C'est Sellye qui parle de stress, qui dit que la première chose qui nous arrive, c'est un stress quand on arrive au monde. On laisse le ventre de notre mère qui est bien chaud, pour tomber dans une atmosphère fraîche et épouvantable pour un petit bébé. Le stress commence de cette manière-là et on ne peut pas vivre sans stress. Donc tout le monde en a du stress. Comme moi, donc, je vais continuer à vivre avec du stress. Pas plus qu'il ne faut.

H. Fontayne: Alors, Pierre Dufresne, on vous remercie beaucoup et on va vous souhaiter bon courage. Vous en avez, on le sait.

P. Dufresne: Je vous remercie beaucoup, et je répète encore une fois aux jeunes et aux plus vieux, aux gars comme moi, arrêtez de fumer, ça ne vaut vraiment pas le coup de faire un infarctus pour une affaire comme ça.

J. Matti: Ça c'est bien vrai!

P. Dufresne: C'est vrai!

J. Matti: Alors, mon cher Pierre, beaucoup d'amitié et du repos, et vivement le retour au travail.

H. Fontayne: O.K. et n'oubliez pas la peinture!

P. Dufresne: Ah! (éclat de rire).

H. Fontayne: Au revoir!

P. Dufresne: Disons que si j'arrive à faire quelque chose qui a du bon sens, je vous le donne!

H. Fontayne: Vous êtes gentil. Merci beaucoup, Pierre!

Pierre Dufresne: (éclat de rire) Bonjour:

H. Fontayne: C'était Pierre Dufresne, qui remonte très bien d'un infarctus et qui a beaucoup de courage . . .

MONOLOGUES DE PIERRE GAUVREAU ÉCRITS SPÉCIALEMENT POUR PIERRE DUFRESNE POUR LE DISQUE: "LE TEMPS D'UNE PAIX".

MAUDIT GRATTAGE!

Pour Joseph-Arthur
texte Pierre Gauvreau

Maudit grattage de maudit grattage!
Maudites mouches noires!
Maudits poux!
Maudites puces itou!

Gratte par ci!
Gratte par là!
Que ce soye à bûcher de l'épinette
Où à se virer dans sa couchette!
Gratte par ci!
Gratte par là!
Gratte jusqu'au sang!
Gratte jusqu'à la moelle des os!

Y en a qui disent que dans le bois
Ça devait être ennuyant des fois!

173

Ce qu'y savent pas, c'est que dans le bois
On avait ben de la compagnie!
Maudit grattage de maudit grattage!
Maudites mouches noires!
Maudits poux!
Maudites puces itou!

Quand on parle de ça, y en a qui lèvent le nez
En disant: c'est ben écœurant
De parler de même!
C'est des affaires privées
Qui ont pas à être racontées
On voit ben que ces gens-là
Ce qui leur manque à pas douter
C'est de s'être pas assez grattés!

Quand on descendait des chantiers
À Noël ou be'don' à la Trinité
Avant même que de nous embrasser
Nos mères pis nos fiancées
Sortaient le peigne fin
Pis l'huile à lampe
Pour nous épucer!
Maudit grattage de maudit grattage!
Maudites mouches noires!
Maudits poux!
Maudites puces itou!

Quand t'as bûché toute la journée,
Qu'y fait un fret à te geler le respir!
Pis que tu rentres au chaud

Près d'une flambée
Tu te sens tout d'un coup
Le sang qui bout
Pis des créatures
T'en vois partout!
Maudit grattage de maudit grattage!
Maudites mouches noires!
Maudits poux!
Maudites puces itou!

Pis quand le foreman a éteindu le fanal
Tous les gars sont pris du même mal!
Y se demandent de quoi c'est
Qui les démange le plus!
Heureusement qu'y a les bibittes!
Comme ça tout le monde peut dire...
Maudit grattage de maudit grattage!
Maudites mouches noires!
Maudits poux!
Maudites puces itou!

Ce que chacun sait ben, une vérité
Qu'on peut pas répéter,
Dans le cœur des gars,
C'est une créature surtout,
Qu'elle soye de la paroisse ou ben d'ailleurs
Qui fait que ça frétille

Sous la couverture!
Maudit hiver!
Maudit frimas!

Arrive la drave qu'on parte de là!
Maudit grattage de maudit grattage!
Maudites mouches noires!
Maudits poux!
Maudites puces itou!

LE BON BORD

Mon père m'a toujours dit Joseph-Arthur
pour ben faire dans la vie
faut être du bon bord

Y a pas à dire
ce que l'père a dit
c'est le gros bon sens

Quand j'étais petit
à ce qu'on m'a dit
pis que c'était l'heure
de prendre le sein
paraît que sans me tromper
que ce soit nuit ou bedon jour
moé Joseph-Arthur
j'commençais toujours
par le têton qu'y était le plus lourd.
Être du bon bord,
y a pas à dire,
c'est le gros bon sens

En âge de jeunesser
j'ai vu tout de suite
qu'une créature fallait l'asseoir
du bon bord
pour l'avoir à sa main
une main pour y caresser les cheveux
pis l'autre à soi
pour fumer sa pipe
ou bedon agrémenter la conversation
Être du bon bord,
y a pas à dire,
c'est le gros bon sens.

Si y t'on engagé
pour faire des chemins
pour notre premier ministre Lomer Gouin
ça pas pris le goût de tinette
que j'étais devenu foreman
les mains dans les poches
au lieu de journalier
à suer sur de la garnotte
une pioche entre les deux mains
Être du bon bord,
y a pas à dire,
c'est le gros bon sens.

Pis de foreman à grand boss
non plus c'a pas été long, quand j'ai compris
que ce que nous autres
on appelait des chemins
eux autres y-z-appelaient ça

de la Voirie!
pis à Québec, le sous-ministre pis moi,
Joseph-Arthur, on s'appelle sans façons
par nos p'tits noms!
Être du bon bord,
y a pas à dire,
c'est le gros bon sens!

Notre jour de noces,
ma femme pis moi,
comme de raison,
on avait pas pris d'avance,
on pouvait pas savoir qu'à la maison,
chacun de son bord dans sa couchette
elle pis moi, Joseph-Arthur,
on couchait du bord de notre bon ange!
Être du bon bord,
y a pas à dire,
c'est le gros bon sens!

Au lieu de faire une chicane
on s'est accommodés,
ma douce moitié, pis moi,
d'un compromis de circonstances!
on s'est retrouvés, ben enlaçés,
au beau milieu des draps, loin des deux bords!
Être du bon bord,
y a pas à dire,
c'est le gros bon sens!

Siméon se plaint toujours qu'à travailler
Y arrive pas à joindre les deux bout'!
Là y chiale contre le gouvernement
pis y s'attend à ce qu'on y fasse
des agréments!
Tu mérites pas une récompense
pour avoir perdu tes élections!
Le député y comprend ça, comme de raison.
Ce serait pas juste pour eux,
comme moi, Joseph-Arthur,
qui les ont gagnées, leurs élections!
Être du bon bord,
y a pas à dire,
c'est le gros bon sens!

T'avais juste à être manquablement
du bord des gagnants
pas des perdants!
Ça prend pas une grosse jugeotte
pour se mettre ça dans la caboche!
Moi, j'ai toujours compris,
comme mon père y avait dit!
ça devait couler naturellement
avec le lait de ma bonne maman!...
Être du bon bord,
y a pas à dire,
c'est le gros bon sens!

Je croyais avoir raconté l'essentiel des principales étapes qui ont marqué la vie de Pierre mais je me rends compte qu'il y a encore beaucoup de choses à dire. Je réalise que j'ai très peu parlé des femmes qui ont partagé sa vie. Il y eut d'abord Hélène Houde, sa première compagne. Leur union ne dura que peu de temps. Pierre était très jeune à cette époque, elle aussi. Peut-être est-ce la raison qui fit qu'ils se séparèrent rapidement.

Il y eut ensuite Suzanne Laberge, mais je préfère passer sous silence leur union. Elle a fait, après la mort de Pierre, des déclarations dans les journaux et je m'en voudrais de lui donner l'occasion d'en dire davantage, alors que mon frère n'est plus là pour se défendre ou s'expliquer.

Puis il y eut Marthe.

J'avoue que j'ai toujours eu un faible pour Marthe. Et même après qu'ils se furent séparés, Pierre lui a toujours conservé une amitié sincère qui ne s'est jamais démentie jusqu'au jour de sa mort.

Pierre et Marthe se sont rencontrés à la Casa Pedro. Ce soir-là, il venait de jouer dans *Maria Agélas* au Rideau-Vert, si ma mémoire est fidèle. Il se sont parlés, Pierre l'a invitée à dîner et, par la suite, ils ne se sont plus jamais séparés vraiment.

Si je me fie au témoignage que Marthe m'a apporté, mon frère n'était pas comme les gens s'imaginaient qu'il était. À l'époque où il vivait avec Marthe, c'était un gars tranquille. Son travail terminé, il rentrait à la maison. Ils sortaient peu ensemble. Ils avaient commencé à construire une maison au lac l'Achigan et ils s'y rendaient hiver comme été. Aussitôt son travail terminé, il soupait en compagnie de Marthe et ils partaient en vitesse pour le lac.

Lorsqu'ils ont commencé à construire la maison, c'était au mois de mai. En septembre, ils firent creuser le puits. Mais il n'y avait pas d'eau. Pierre était découragé.

— Marthe, qu'est-ce qu'on va faire? avait-il dit.

— On va en trouver, lui avait-elle répondu. Le lac n'est pas très loin et il y a sûrement un moyen d'en trouver.

Finalement, ils eurent recours aux services d'une compagnie spécialisée. Ils trouvèrent de l'eau à 350 pieds de profondeur, mais ils durent débourser près de douze mille dollars.

C'était une époque où Pierre avait besoin d'être encouragé et supporté dans tout ce qu'il entreprenait. Avant le début de la construction, ils habitaient à Longueuil et il fut environ six mois sans avoir de travail. C'était un peu avant le début de l'émission *Grand-Papa*. Le téléphone ne sonnait pas. Cette situation l'énervait.

Il avait des obligations financières et il ne lui restait plus que cinq ou six mille dollars à la banque. Les mois à venir s'annonçaient difficiles. Heureusement pour Pierre, Marthe ne cessait pas de l'encourager. Elle lui disait qu'il se passerait sûrement quelque chose, que c'était-là une excellente occasion de travailler à la construction de la maison.

Au début, Pierre voulait construire un chalet sur un terrain qu'il possédait au lac. Mais Marthe lui fit remarquer qu'il serait plutôt préférable de construire une maison qu'ils pourraient habiter à l'année. Ils se rendirent à Sainte-Agathe et achetèrent une maison en pièces. La compagnie qui leur vendit la maison ne fournissait que les murs et le toit. Ils n'avaient qu'à dire où ils désiraient les fenêtres et les portes.

Bien sûr, ils auraient pu prendre un constructeur, mais construire sa maison, c'était un des grands rêves de Pierre. C'était un projet difficile qui devait nécessiter beaucoup d'efforts et de nombreuses semaines de travail. À l'emplacement où se trouvait le carré de la maison, il n'y avait qu'une dizaine de pieds de terrain et au bout, ça coupait sec. Il fallut que Pierre et Marthe — son fils Nicolas participa aussi beaucoup aux travaux — construisent un remblai avec des cèdres long d'une vingtaine de pieds pour empêcher la terre de descendre. Ce ne fut pas une mince tâche puisque le mur une fois monté avait une hauteur de trente pieds sur cent vingt pieds de long. Heureusement qu'ils purent compter sur l'aide d'un voisin, monsieur Racine, qui lui non plus ne ménagea pas ses efforts.

Lorsque le mur fut monté, ils firent venir de la terre. Je ne sais pas combien de tonnes de terre peut contenir un gros camion dans le genre de ceux qui ramassent la neige durant l'hiver dans les rues de Montréal, mais Pierre a pelleté l'équivalent d'une quarantaine de camions, à lui tout seul! Il mettait la terre dans une brouette et allait la verser au mur. Faut le faire. Il commençait à huit heures le matin et ne s'arrêtait que vers cinq heures le soir. Cela donne quand même une assez bonne idée de toute l'énergie qu'il possédait.

Il faut dire qu'il avait un régime de vie assez sain. Il mangeait bien et il se couchait le soir vers neuf heures.

Lorsque la maison fut construite, il commença à faire des meubles. Il a fait tous les supports à papier de toilette et à serviettes dans les salles de bains. Il a aussi fait une table à dépecer dans la cuisine, une boîte pour ranger les bottes dans l'entrée de la maison, ainsi que quatre petites tables. Il adorait bricoler.

Pierre adorait aussi la terre et les animaux. Il a eu quatre ou cinq chiens. Le premier s'appelait Chimo.

— Moi, je suis une fille de la ville, me racontait Marthe à propos de l'achat de leur premier chien. Je n'avais jamais eu de chien. Pierre me dit que ce serait intéressant si nous en avions un. J'accepte et nous allons à Sainte-Adèle pour en acheter un. Celui que nous avions acheté était âgé de sept ou huit mois. C'était un malamuth. Je m'en souviendrai toujours! J'étais assise à l'arrière de l'auto avec le chien. Pauvre chien, il avait peur. J'avais aussi peur que lui. Et là, il bavait, c'en était épouvantable. Ce fut notre premier chien. Nous nous le sommes fait voler quelques mois plus tard...
Nous en avons acheté un autre que nous avons baptisé du nom de Sawin parce que nous étions allés chez Jean Lajeunesse, au lac Sawin. Mais nous avons été obligés de le faire tuer. C'était aussi un malamuth. Pierre aimait beaucoup les malamuths. Je ne sais pas pourquoi. Peut-être parce que ces chiens avaient l'air d'un loup, peut-être aussi à cause de la force qu'ils représentaient et que, inconsciemment, il les sentait pareils à lui. Mais nous avons toujours eu des chiens extraordinaires, fins et intelligents. Sawin, une chienne, si nous avons été obligés de la faire tuer, c'est parce que des voisins s'étaient plaints de la voir en liberté. Nous l'avons attachée mais elle est devenue agressive. Pierre n'aimait pas voir son chien attaché. Moi non plus, d'ailleurs. À quoi bon avoir un chien si son

espace vital est réduit à la longueur d'une chaîne? . . . Ensuite nous avons eu une autre chienne. Elle a eu des chiots et nous en avons gardé un. Il était superbe! Un beau chien brun. Nous l'avons appelé Fardoche. Un après-midi, nous étions à Montréal, Pierre et moi, et lorsque nous sommes revenus vers minuit, un vétérinaire nous a téléphoné de Saint-Jérôme. Quelqu'un avait tiré Fardoche avec une carabine . . .

Peu de gens le savent ou s'en souviennent, mais Pierre a déjà joué dans un film avec Sophia Loren. Je crois que le titre du film était *Angela*. C'était à l'époque où il vivait avec Marthe à Longueuil. Il avait une page de texte à apprendre en anglais. Ce n'était pas très long. Il commença à répéter et à mémoriser son texte lorsqu'il alla trouver Marthe pour lui dire:

— Marthe, ça n'a pas de bon sens, j'ai une page de texte et je ne suis pas capable de l'apprendre! . . .

C'était la première fois qu'il éprouvait de la difficulté à apprendre un texte. Pierre n'aimait pas spécialement apprendre un texte. Il détestait ça. Il réussissait tout de même à les mémoriser assez facilement. Durant une soirée entière Marthe l'aida à répéter son texte. Ça ne marchait pas. Il se trompait tout le temps, il lui manquait un mot, il oubliait un passage, escamotait une phrase.

Vers une heure du matin, impuissant, il a dit à Marthe:

— Qu'est-ce que je vais faire demain? Je vais arriver devant elle et je vais avoir l'air d'un maudit niaiseux!...

Ils décidèrent de se coucher et de reprendre les répétitions le lendemain, quitte à se lever plus tôt. Le lendemain, la nuit aidant et l'esprit plus reposé, Pierre apprit son texte dans le temps de le dire. Fier de lui, il se rendit sur le plateau de tournage et le réalisateur du film lui déclara:

— Monsieur Dufresne, on a changé votre texte. Vous avez une autre page à apprendre.

Il arrive souvent lors du tournage d'un film qu'on remanie les dialogues et les scènes quand on ne les change pas complètement.

En apprenant cela, il a sûrement eu un sentiment de découragement. Comme la scène se passait dans un hôtel, ils ont mis une chambre à sa disposition en lui disant de les prévenir quand il serait prêt. Cette fois-là, tout se passa très bien et il n'eut aucune difficulté à apprendre son nouveau texte. Il faut dire qu'il avait une certaine facilité à travailler sous pression.

Les soirs de premières, on le sentait nerveux. Même après trente ans de métier, il éprouvait lui aussi ce que tous les acteurs et comédiens connaissent bien, le trac. Marthe devait l'encourager, lui dire que tout se passerait bien.

Il avait aussi la volonté de toujours vouloir jouer même dans des conditions parfois extrêmement difficiles. Comme la fois où il s'était fracturé quatre côtes.

C'était un dimanche matin. Pierre travaillait à la campagne à remplir le mur construit avec des cèdres. Marthe et Pierre avaient trois chiens à ce moment-là. Marthe se trouvait à l'arrière quand elle remarqua que les chiens avaient un air bizarre. Ils couraient un peu dans tous les sens comme s'ils ne comprenaient pas ce qui venait de se produire.

Marthe s'est levée pour aller voir ce qui se passait. Pas de Pierre. Seulement une brouette renversée. Comme les chiens continuaient d'avoir une attitude étrange, elle a jeté un coup d'oeil du côté de la rue qui passait, une trentaine de pieds plus bas. Pierre était là. Assis dans la rue. Elle lui a demandé s'il était tombé et Pierre lui fit un signe de tête affirmatif. Elle descendit dans la rue à toute vitesse pour aller retrouver mon frère mais ce dernier ne bougeait pas. Il était blanc comme un drap! Il était assez mal en point. Il avait le dos écorché et une de ses jambes présentait une profonde lacération. Avec l'aide d'un voisin qui restait un peu plus loin, elle le rentra dans la maison. Pierre souffrait beaucoup mais il ne voulait pas aller à l'hôpital. Ils durent s'y mettre à deux pour le convaincre.

C'était le dimanche matin. Le vendredi suivant, il jouait dans la pièce *Un sur six*. Marthe lui expliqua qu'il ne pourrait pas jouer dans la pièce. Il avait quatre côtes fracturées. C'était près de la rate et il y avait danger de perforation.

Marthe décida de téléphoner à Jean Duceppe pour le mettre au courant de la situation, lui expliquant que Pierre voulait jouer quand même, mais que cela serait probablement impossible malgré tout son bon vouloir.

Le vendredi, Marthe alla le reconduire, non sans avoir pris soin de placer dans l'auto des oreillers tout autour de lui pour que les chocs de la route ne le fassent pas trop souffrir. La pièce commença et Marc Messier en coulisse le faisait rire. Pierre lui disait: "Marc, ne me fais pas rire ça me fait mal partout!" Mais Marc est un pince-sans-rire. À chaque parole qu'il disait, tout le monde pouffait de rire. Pierre se retenait du mieux qu'il le pouvait.

Arrivé son tour d'entrer en scène, il a senti comme quelque chose se déchirer, un muscle. À chaque réplique qu'il donnait, il se lamentait en poussant un: aaah! . . . Comme les gens croyaient que c'était dans la pièce, tout le monde riait.

Jean Duceppe arriva près de Marthe et lui demanda:

— Qu'est-ce qu'il a, Marthe. Est-il si mal en point?

— Regardez-le, avait-elle répondu. Y va mourir. Y se lamente sur la scène.

Jean Duceppe décida alors d'arrêter la pièce et de faire un entracte. On fit venir un médecin qui l'examina et lui donna un calmant. Se sentant un peu mieux, Pierre reprit et joua jusqu'à la fin. Mais le lendemain soir, ce n'était plus possible puisqu'il y avait deux représentations. Et Marthe ne voulait absolument pas qu'il y aille. Pierre insistait quand même pour aller jouer. Il ne fut pas facile de le convaincre de se tenir tranquille.

Certaines personnes ont cru que Pierre était riche, voire millionnaire. Mais ce n'était pas le cas, mais il vivait bien. Je ne crois pas qu'il aurait travaillé avec autant d'acharnement s'il avait été millionnaire.

Même s'ils se sont séparés, Marthe et Pierre ne se sont jamais disputés. C'est Marthe qui a mis fin à leur vie commune. Comme elle me l'a dit, elle avait l'impression de tourner en rond. Pierre n'était pas d'accord. Il lui disait qu'il devrait encore essayer de vivre ensemble. Il se demandait ce qu'il ferait sans elle.

Marthe lui avait répondu:

— Tu vas trouver une autre femme. Y en a plein!

Ce à quoi Pierre répondait:

— Moi je suis très heureux avec toi. J'en veux pas une autre.

Pierre était bien avec Marthe et c'est tout ce qui lui importait. Cette rupture lui fut difficile. Il s'ennuyait beaucoup.

Quand Marthe est partie, d'ailleurs, c'est comme si elle avait toujours été un peu là. Quand les gens qui avaient loué la maison du lac, avaient un problème il leur disait d'appeler Marthe, qu'elle était au courant de tout. D'ailleurs, Marthe a toujours eu la clef de la maison et elle l'a encore. Dans l'esprit de Pierre, c'est comme si Marthe n'était jamais partie.

Je m'en voudrais de ne pas vous parler de sa fameuse cheminée. Il en était fatigant! Chaque fois qu'on allait à sa maison, il nous expliquait son invention. Comment la cheminée récupérait la chaleur pour la distribuer dans toute la maison. Une fois, il avait voulu faire une expérience avec un ventilateur pour voir si la cheminée fonctionnait bien. Il l'avait placé tout près. Ça avait tellement chauffé que le ventilateur avait fondu. Au lieu d'utiliser l'air froid du dehors, la cheminée prenait l'air de la maison, la réchauffait pour la distribuer dans toutes les pièces. Il avait pensé à cela en discutant avec monsieur Racine, son voisin. Enfin c'est quelque chose du genre, d'ailleurs je n'ai jamais compris son système, mais il était très fier.

Pierre était méticuleusement drôle pour ses choses. Ainsi, il a répété à Marthe durant près de six ans, et presque tous les jours de la semaine, combien de gallons d'essence sa voiture consommait entre le lac et Montréal.

S'il prenait beaucoup de soin de ses choses, du côté tenue vestimentaire, il avait tendance à se laisser aller, du moins à une certaine époque. La première fois qu'il avait rencontré Marthe à la Casa Pedro, il faisait assez dur. Il portait l'imperméable de papa et il était habillé tout de travers. Si Marthe ne lui en faisait pas la remarque, il pouvait porter la même chemise et le même pantalon durant une semaine. Pour lui, ce n'était pas plus important que ça. Il appréciait les beaux vêtements, mais il n'était pas dans son habitude de dépenser plus qu'il le fallait pour s'habiller.

Dans sa maison, ce n'était pas le lot de l'homme de participer avec ferveur aux travaux quotidiens. Pas plus qu'il faisait souvent la cuisine, mais il était un assez bon cuisinier lorsqu'il s'y mettait.

Ça me rappelle un fait qui s'est passé avec Marthe. C'était quelques jours avant Noël et Pierre avait invité la famille et sœur Berthe à venir souper à la maison. Marthe lui avait dit:

— C'est toi qui vas faire le souper.

À l'aide d'un des livres de sœur Berthe, il avait préparé une soupe à l'oignon, un filet de sole aux épinards et des carottes. Mais rendu aux carottes, ça ne lui tentait plus de les faire cuire, alors il les avait servies crues. Quand il leur a présenté leur assiette, il y avait le filet de sole et des patates blanches. C'était blanc dans les assiettes. Sœur Berthe s'était exclamée!

— Pierre, c'est très bon, mais ça manque un peu de couleur!

Pierre était un homme simple. Il n'aimait pas les choses compliquées. Que sœur Berthe soit une experte en art culinaire, ça ne l'impressionnait pas, contrairement à d'autres personnes qui auraient voulu faire des petits plats un peu plus raffinés.

Mais il n'était pas toujours ainsi. Une fois il avait cuisiné une recette du professeur Bernard. C'était assez compliqué. Il prenait le livre de recettes, vérifiait s'il avait tous les ingrédients. S'il lui en manquait, il allait en acheter. Il avait de très belles qualités. Lorsqu'il entreprenait quelque chose, il mettait tous les atouts de son côté. D'ailleurs, sa recette avait été fort bien réussie et excellente pour le plaisir du palais.

Il disait:

— C'est pas compliqué la cuisine, c'est de la chimie. Tu mélanges ça avec ça et ça donne ça. C'est enfantin!

Une autre fois, il avait décidé de faire de la compote et il l'avait oubliée sur le poêle. Le feu avait pris dans le chaudron et s'était communiqué aux rideaux de la cuisine. Heureusement, il avait réussi à l'éteindre.

Comme il n'avait plus de rideaux, il avait téléphoné à Marthe pour lui emprunter sa machine à coudre. Il a fait lui-même ses rideaux en copiant sur l'ancien modèle. Le peu d'indications que lui avait données Marthe avait suffi pour qu'il réussisse. Il faisait n'importe quoi. Un jour, il a appris à tricoter. Il s'est acheté des aiguilles et de la laine et il a tricoté trois foulards, un pour chacun de ses enfants. Parfois il apportait son tricot à son travail et il tricotait entre les répétitions.

À la maison, il possédait une bicyclette pour faire des exercices sur place. Il la mettait toujours a sa plus forte résistance et il se mettait à pédaler jusqu'à ce qu'il soit trempé comme une lavette. Il y allait à fond.

Pierre se laissait impressionner par beaucoup de choses. Les choses les plus simples l'émerveillaient. Marthe m'a raconté une anecdote à ce sujet:

— Nous habitions à Longueuil et Pierre avait acheté une Buick genre station-wagon. Elle était neuve. On s'en va chez Yvon Dufour qui habitait à Ville Saint-Laurent et on arrive avec la voiture. Pour Pierre c'était comme quelque chose de merveilleux. S'il avait eu une grosse Mercedes de $75,000 ça n'aurait pas été mieux. Il arrive chez Yvon et il lui dit: "Viens voir mon auto!'' Elle était ordinaire l'auto. Il y avait seulement l'air climatisé et un petit bouton dans le coffre à gants pour ouvrir la valise arrière. Ça, ça impressionnait beaucoup Pierre. Je lui disais: ''Arrête, t'as lair d'un vrai fou. C'est une auto ordinaire . . .'' Mais pour lui, c'était impressionnant.

Au fond, il était encore avec le cœur d'un enfant qui s'émerveille de tout . . .

Je crois que Pierre avait un peu peur de vieillir. À l'époque où il vivait avec Marthe, il se mettait de la lotion Second Début. Si c'était bon pour la peau des femmes, il n'y avait aucune raison pour que ce ne soit pas bon pour lui. En dernier, depuis qu'il vivait avec Jeanne St-Amour, ils allaient souvent au restaurant. Il voulait se donner l'impression qu'il était aussi jeune qu'elle et qu'il n'était pas fatigué. Que malgré son âge, il pouvait suivre sans difficulté. Ce côté de sa personnalité recevait sa bonne part d'orgueil. Je suis certain qu'il a fait souvent des choses simplement pour prouver qu'il n'était pas aussi fatigué qu'il en avait l'air. Il tenait beaucoup à paraître jeune. Il craignait qu'on dise de lui: ''C'est un vieux. Il n'est plus capable.''

En fait, il était vieux. Son cœur était vieux. Je suis encore étonné de la rapidité avec laquelle il a pu quitter l'hôpital. Durant son hospitalisation, il n'a eu aucun moment de repos. Les journalistes l'ont sans cesse accaparé. Et lorsqu'il fut revenu chez lui pour entreprendre sa convalescence, le téléphone continuait de sonner. On ne peut pas être garant de l'avenir, mais je me demande si tous ces gens qui ont dit l'aimer avaient compris vraiment qu'on ne se remet pas d'un arrêt cardiaque aussi rapidement qu'on se remet d'un mauvais rhume, il serait encore, peut-être parmi nous.

Il a eu des funérailles dignes de son orgueil. Il avait dit une fois à Marthe qu'il désirait beaucoup de monde à son enterrement et s'il avait été possible d'être exposé durant plus d'une semaine, je crois qu'il en aurait exprimé le désir. Tout au long du cortège, les policiers barraient les rues. Je pense que peu d'hommes ont pu se vanter d'avoir trois femmes qui le pleuraient en même temps au salon funéraire: Suzanne, Jeanne et Marthe.

Pierre n'est pas mort puisqu'il continue à vivre dans le cœur et le souvenir des gens et de ses amis. On peut encore le voir dans la série *Grand-Papa* et dans *Passe-Partout*. Et c'est cela qui est difficile. Savoir qu'il n'est plus de notre monde, mais qu'il continue toujours à survivre grâce au petit écran.

J'évite de regarder ces émissions. J'aurais trop l'impression que le téléphone sonnerait et que c'est lui qui serait au bout du fil pour m'inviter à luncher, ou pour me parler de ses théâtres et de ses futurs projets.

Pierre est mort comme il a toujours vécu. Il est mort heureux.

J'espère, en écrivant ces quelques pages, avoir réussi à tracer un certain profil de sa personnalité. Ce n'est pas une biographie. Ce n'est qu'un compte rendu que je livre à tous ceux qui l'ont aimé. Je n'ai fait qu'entrouvrir une fenêtre sur sa vie.

Comme il a fallu trouver une remplaçante à Denise Morel lors de son tragique décès, il a fallu faire de même pour Pierre. Je suis heureux du choix de son remplaçant. Jean Besré est un très grand comédien et je crois sincèrement que l'on aurait pu difficilement trouver quelqu'un de plus apte à interpréter le rôle de Joseph-Arthur.

Si la vie n'est qu'un simple passage sur terre et qu'il est vrai qu'on a droit au paradis à la fin de ses jours, c'est sûrement là que Pierre pourra prendre le temps nécessaire à trouver le repos. Il voulait partir en vacances. Il a maintenant tout son temps. Et nous tous qui l'avons connu et aimé, nous serons toujours d'accord pour partager avec lui une joie éternelle...